*Grande et petites histoires de l'école*

**Carl Aderhold et Françoise Davisse**

# Grande et petites histoires de l'école

Nathan

# INTRODUCTION

Qu'il fasse chaud, qu'il fasse froid, qu'il pleuve ou qu'il vente, avec plaisir ou inquiétude, il faut y aller. Nos premiers souvenirs d'enfants, c'est le chemin de l'école. Aller à l'école, s'y retrouver ensemble, est une évidence pour des générations de Français. L'actualité nous a rappelé aussi que c'est un bien commun.

Depuis deux cents ans, de l'école du certif à 80 % d'une classe d'âge bacheliers, les Français se sont lancés dans l'aventure du savoir. Souvent, les souvenirs d'école laissent le sentiment d'un paradis perdu, le fameux « c'était mieux avant » enjolivé par la mémoire. Pourtant, une grande partie des Français n'ont pas « aimé l'école ». Pour les élèves comme pour les profs, apprendre et enseigner reste une épreuve, pleine d'embûches, d'incompréhensions, de découvertes. L'école, publique, gratuite et laïque est le service public auquel les Français tiennent le plus, mais dans le même temps, ils ne cessent de vouloir la changer.

Cette expérience commune est en permanence l'objet d'un débat virulent dans la société française. Qui doit aller à quelle école, pour apprendre quoi, comment ? Qui enseigne quoi, à qui, et pour devenir quoi ? Il n'y a véritablement qu'en France que l'école peut faire descendre dans la rue des centaines de milliers de gens, partisans de l'école libre ou au contraire de la laïque et de l'égalité…

## L'ÉCOLE POUR TOUS, UNE IDÉE NEUVE

Faire de tout enfant un élève est une idée assez neuve : impossible de remonter jusqu'à Charlemagne, l'école telle qu'elle nous semble immuable se crée plutôt à la Révolution française. Une grande aventure, qui se fabrique « sur le tas » : le combat est d'abord de mettre les enfants à l'école, de savoir qui enseignera, et quoi. Dans ce combat, il ne s'agit pas en premier lieu des besoins des enfants, mais de ceux de la nation. Car l'école a deux visages : celui de l'expérience commune de tous les Français, et celui d'une affaire d'État, sans doute la plus grande des deux siècles précédents.

Il s'agit d'éduquer les Français, de forger une vision commune de la société dès l'enfance. Se préoccuper de l'accès au savoir du plus grand nombre attendra l'après Seconde Guerre mondiale. Quant à celle « d'avoir un beau métier », elle ne date que des années 1960.

Raconter ces conflits qui tournent, invisibles, autour de nos gamins, c'est être au cœur de la société française, de ses interrogations, de son évolution.
À chaque fois, c'est le quotidien en classe, la vie des enfants qui se modifie, progresse ou se complique. Mais c'est aussi dans la classe, au contact des nouvelles générations, que l'on voit cette société se transformer.
Pendant l'essentiel du XIXe siècle, l'État confie l'enseignement à l'Église. La place de l'instituteur, les choix pédagogiques, l'organisation française des écoles, des lycées, des universités, portent les marques de cette alliance, jusqu'à ce que la IIIe République tente de tout bouleverser, quitte à utiliser les mêmes méthodes que la religion pour inculquer la république. Mais dès le début, quand Guizot rend obligatoire une école par commune en 1833, l'école ne représente pas uniquement une volonté de prise en main de l'État, elle donne en même temps des armes, lire, écrire, découvrir, pour s'émanciper. Au point que l'idée neuve d'une école laïque, gratuite, obligatoire, autant professionnelle que culturelle, est établie pour la première fois au monde quand des ouvriers prennent directement le pouvoir : c'est la Commune de Paris, en 1871, qui la décrète.

## UNE AFFAIRE D'ÉTAT

L'État a toujours un projet d'école : il initie, il lance, il programme au gré de ses besoins et de ses plans. Il s'agit, tout d'abord, tout au long du XIXe siècle, de détourner le peuple de l'insurrection, dans une époque marquée par les émeutes et les révolutions. À cette problématique s'ajoute avec la IIIe République un but nationaliste : construire une patrie où chacun se tiendra à sa place. L'État du XXe siècle cherchera lui à former des ouvriers, des cadres pour sa modernisation. Ces raisons d'État ont façonné notre système scolaire et les débats d'aujourd'hui.

La particularité de l'école telle que nous la connaissons, c'est d'être liée à la République. Pas de République sans école. En témoigne, aujourd'hui, la pression faite sur l'école, l'incantation au retour de la morale, au moment où le système de la Ve République s'essouffle. Mais pas d'école non plus sans République : l'épisode de Vichy est là pour démontrer ce qu'un régime dictatorial peut faire de l'enseignement, un retour en arrière, le culte du chef, l'abandon de toute valeur émancipatrice du savoir…

Cette histoire de l'école se raconte de façon totalement différente selon qu'on se place du point de vue de l'État, des enfants, ou des adultes. Au cœur d'un même lieu, à chaque époque, s'entrechoquent l'avenir de l'État, celui des enfants, et l'espoir de tous les adultes.

L'école, c'est d'abord l'affaire de tous !

L'État façonne l'école selon ses objectifs du moment, mais il doit aussi prendre en compte le vécu et l'expertise des enseignants et des directeurs d'établissements, ainsi que les attentes des parents qui évoluent avec le temps. Et surtout, les élèves trouvent leur propre sens à l'école.

Les parents des classes populaires, à commencer par les paysans, sont restés longtemps hostiles à cette école d'État qui risquait de leur prendre leurs enfants, leur esprit, mais aussi leur temps de travail si utile au revenu de la famille. Et en même temps, l'expérience acquise par leurs enfants, qui leur permet d'avoir prise sur leur vie, de « ne pas se faire avoir », a petit à petit créé un lien plus fort à ce service public. De leur côté, les corporations et les entreprises veulent embaucher des femmes et des hommes formés, mais ni trop chers ni trop informés. Les représentants des différentes confessions trouvent parfois l'école trop intolérante ou trop envahissante, là où les intellectuels la voudraient plus ouverte et pédagogue, ou moins laxiste, selon les époques.

Au centre de cette histoire, il y a les enfants. L'histoire de l'école est celle de la construction d'une nation vue de la place des enfants dans la société. Du XIXe siècle qui fait d'eux, dès leur plus jeune âge, des travailleurs en réduction, au XXIe siècle où ils passent l'essentiel de leur jeunesse sur les bancs de l'institution scolaire, l'école traduit la vision que la société a de ses enfants, de ses attentes, de ses craintes aussi envers une jeunesse toujours perçue comme turbulente et à contrôler.

Et parce que chacun a un avis, un vécu, très personnel, retracer l'histoire de l'école en France réserve beaucoup de surprises, permet de replacer ses souvenirs dans une histoire commune, en découvrant les raisons, les contextes, les anecdotes et les débats qui modèlent cet espace si familier, la classe.

## DES MYTHES ET UN RETOUR VERS L'HISTOIRE

« Le niveau des élèves a baissé », « Si tu travailles bien à l'école tu auras un bon métier », « Mai-68 a détruit l'autorité », « La laïcité est en danger », « L'école publique ne remplit plus sa mission »... Dans cet ouvrage, nous avons souhaité non pas faire une histoire de l'école, mais examiner tous les mythes qui encombrent la mémoire. Ces mythes qui contribuent à ce que chacun, selon sa vision politique du monde, façonne son école idéale. La magnification de l'enseignement sous la IIIe République parle d'une école qui n'a jamais réellement existé mais dévoile une certaine idée de l'ordre, du rapport à la jeunesse et finalement de l'organisation de la société. C'est que, depuis plus d'un siècle, l'école est porteuse de tous les espoirs des adultes vis-à-vis de leurs enfants. Les premières remises en cause du modèle hérité de Ferry ont éclaté à la sortie de la guerre de 1914-1918. Il s'agissait alors d'éviter une nouvelle boucherie et l'éducation paraissait à des pédagogues comme Freinet le meilleur moyen pour éradiquer toute guerre… C'est donc une suite d'allers-retours temporels qui constitue l'armature de cet ouvrage, l'exploration du passé permettant à la fois de combattre les clichés, d'expliquer pourquoi l'école publique en est là aujourd'hui, tout en ouvrant des pistes de réflexion pour l'avenir. Nous nous appuyons sur les témoignages d'une quarantaine d'instituteurs, de professeurs et d'élèves que nous avons interviewés. Certains anonymes, d'autres connus. Nous les avons choisis pour leurs parcours, leurs réflexions, leurs démarches. Tel travaille en ZEP, tel autre a été un instit à l'ancienne, tel autre a été un excellent élève ou un cancre. À eux tous, ils forment un tableau représentatif de ce que l'école est pour tous depuis plus d'un siècle : un lieu où l'État donne le *la*, mais aussi un lieu d'émancipation pour des générations d'élèves.

## AU CŒUR DES DÉBATS D'AUJOURD'HUI

Il y a plusieurs façons de mythifier l'école et son histoire. Une première manière consisterait à épouser une critique libertaire de l'école, censée « faire du mal » aux enfants, à leur « libre » développement ou épanouissement, etc. Cette critique résonne fortement aujourd'hui, alors qu'une partie des Français sont à la recherche de stratégies pour trouver la « bonne école » pour leur enfant, dans un univers concurrentiel.

À l'opposé, se déploie la vision d'une école de la République, portée par un État situé au-dessus, arbitre des rapports sociaux, et qui serait une école de l'égalité des chances, permettant à chacun de donner la pleine mesure de ses mérites et autres caractéristiques. La « chance », à la place de l'égalité tout court, efface le rôle joué par l'institution scolaire, sa culture, son fonctionnement, et certaines manières d'enseigner jouent un rôle dans la production des inégalités, voire de l'humiliation de certains élèves ou de certaines familles.

Pour éviter ces visions clivées, nous avons voulu partir d'une promesse française, toujours en construction, de l'école pour tous, qui s'adresse donc à tous. Rechercher dans l'histoire ce qui peut aider à inventer une école hospitalière, c'est-à-dire qui considère à égalité chaque élève, son origine, les savoirs de sa famille. Raconter la possibilité d'une transformation de la culture scolaire pour que tous, y compris les plus démunis, y trouvent du sens, bref une école où nul n'est « condamné à l'échec » comme le dit le rappeur Kery James.

Notre fil rouge est l'idée qu'une école de la République ne peut être réellement républicaine que si elle sert sa devise, l'émancipation intellectuelle et sociale.

Ce regard, nous l'avons forgé à travers l'étude des principaux historiens de la question, Antoine Prost, Claude

Lelièvre, Jacques Ozouf, Françoise Mayeur ou bien encore Bruno Garnier.

Ce regard, nous le devons aussi et surtout au travail fait avec Jean-Yves Rochex, psychologue, chercheur et professeur émérite de sciences de l'éducation à l'université Paris-8. Sans son aide précieuse, sa profonde connaissance de l'expérience des ZEP, ses réflexions sur le rapport au savoir et à l'école, notamment dans les milieux populaires, nous n'aurions pu mener à bien notre entreprise. Qu'il soit ici remercié pour les heures passées à éclairer notre lanterne, à discuter nos hypothèses, à élargir nos horizons, à nous faire profiter de son immense savoir.

Chapitre 1

# UNE ÉCOLE POUR TOUS

Une petite école de campagne en brique avec ses larges fenêtres et sa devise républicaine « liberté, égalité, fraternité » inscrite au fronton. L'image est gravée dans la mémoire des Français, la vision d'un certain âge d'or scolaire.

Selon l'époque où ils ont frotté leurs pantalons et leurs robes sur les bancs de l'école, ils se remémoreront les cartes de France, physique et administrative, sur les murs, les encriers à l'encre violette, la date écrite au tableau à la craie, les tables de multiplication imprimées au dos du cahier, ou bien encore les odeurs de gomme ou de colle. Pour les élèves des campagnes, les poêles Godin dans le fond qui, l'hiver, peinaient à chauffer la classe. Autant d'images d'Épinal qui nourrissent chez chaque génération la nostalgie du bon temps du primaire.

Si les souvenirs de collèges ou de lycées sont empreints de regrets, d'amertume, voire d'humiliation, ceux de la « communale » conservent un charme puissant.

Au-delà de cette représentation, enjolivée par la mémoire de l'enfance, cette école primaire baigne dans une atmosphère paisible, studieuse et réjouissante.

Mais elle a acquis depuis quelques décennies une charge politique forte. Une force évocatrice, similaire à celle du petit clocher de village sur l'affiche du candidat Mitterrand à l'élection présidentielle de 1981. Cet archétype rappelle qu'un jour l'école aurait été le lieu d'une fraternité, où les différences sociales s'effaçaient, où chacun apprenait et était jugé sur son travail. Nul mieux que Mona Ozouf n'a exprimé cette vision mythifiée, dans son récit *Composition française*. Évoquant « la tranquille assurance que dispense l'école », elle en fait valoir la nature : « l'égalité des êtres ». « Les règles du jeu scolaire sont simples et fixes, pour la plus grande sécurité de tous : il suffit de les connaître et de s'y tenir. » Et de décrire la dictée et ses fautes qui coûtent un demi-point ou un point pour conclure : « Les goûts individuels, si volatils, si inquiétants aussi, n'ont pas ici leur mot à dire. »

Cette mythologie est si tenace que, depuis une vingtaine d'années, la nostalgie de l'école Ferry et la déploration de sa disparition se doublent d'un appel à la faire renaître. Cette école de la III^e^ République apparaît comme la réponse à toutes les interrogations et inquiétudes de la société française actuelle. Elle symbolise un temps où les Français auraient su vivre ensemble, où l'école enseignait les valeurs de la République et une certaine morale, et surtout où chacun connaissait sa place, sous la férule d'un instituteur.

## L'ÉCOLE EXISTAIT AVANT JULES FERRY

Dans cette construction mythifiée, un nom revient sans cesse, qui serait le père de l'école en France. Jules Ferry. Avant lui, les petits Français baignaient dans l'ignorance et l'illettrisme. Grâce à ses lois instaurant, en 1881-1882, la gratuité, l'obligation scolaire et la laïcité, les Français entrent dans une ère d'éducation et de lumières.

La réalité est cependant bien différente.

Tout au long du XIXe siècle, donc bien avant Jules Ferry, il existe une école confiée depuis 1833 par le ministre de l'Instruction publique, François Guizot, aux communes de plus de 500 habitants. Lorsque les lois de 1881-1882 sont votées, trois-quarts des Français sont déjà alphabétisés ! On ne passe donc pas d'une table rase à un grand bond en avant.

Qu'il s'agisse du taux d'alphabétisation ou de la scolarisation des enfants, l'école Ferry ne change pas véritablement la donne. Les « hussards noirs de la République », comme Charles Péguy surnommait les instituteurs, sont confrontés au même problème que leurs prédécesseurs. Celui de faire venir leurs élèves en classe régulièrement.

Révélatrice est l'histoire que nous brosse Daniel Pennac à propos de son arrière-grand-oncle. Le romancier, qui a raconté ses déboires avec l'institution scolaire dans *Chagrins d'école*, en dresse un portrait haut en couleurs : « Jules Pennacchioni, l'oncle Jules, était le frère de mon grand-père qui, lui, était né en 1857. C'était le prototype du hussard de la République. Ses méthodes pédagogiques ne seraient sans doute pas très appréciées aujourd'hui. L'oncle Jules était instituteur en Corse, à Pila Canale, qui se trouvait en face de Guargualé, le village familial. Entre les deux il y a un vallon, et l'oncle Jules allait sur son âne, tôt le matin, de Guargualé à Pila Canale où il enseignait aux petites classes, puis revenait le soir, à Guargualé. La fille de l'oncle Jules me racontait : "Quand papa rentrait, on regardait s'il était seul sur l'âne." Parce que quelquefois, il revenait avec un gamin. Quand il n'avait pas ses effectifs, c'est que certains gosses étaient en train de travailler aux champs, employés par la famille. Alors il allait les chercher, dans les champs, les amenait par le colbac dans sa classe, et faisait cours. Si un gosse était à nouveau absent pour les mêmes raisons d'exploitation familiale, il "raptait" le gosse, et l'emmenait chez lui à Guargualé. Il allait ensuite trouver le père : "Tu reverras ton fils quand il aura son certificat d'études." "J'ai vu défiler dans mon enfance, cinq ou six gosses raptés" me disait sa fille. Effectivement, à ce tarif-là, les gosses avaient leur certificat d'études, et le Jules Pennacchioni ne s'est pas fait abattre par tel ou tel père qui devait en avoir envie. C'était sa mission, à l'oncle Jules, instruire les enfants, en faire des républicains. Que les gosses sachent compter, parler et écrire le français, qu'ils aient leur certificat d'études et grimpent dans l'échelle sociale. Il faisait ça avec acharnement, tout en étant par ailleurs un Corse corsicotant, préservant une espèce de reliquat régional. Un Corse cent pour cent, qui interdisait qu'on parle le corse à la maison. Ce qu'évidemment, les enfants faisaient en cachette. Mais il n'aurait jamais supporté que sa fille flirte avec un Français. Il se serait fait couper en morceaux plutôt que de la laisser épouser un gars du continent. Il a prénommé son fils François, "le Français", sa fille Marianne, comme la République. Marianne, alias Nana, qui me disait : "Il nous faisait bosser sans arrêt. Quand on faisait nos lits ou la vaisselle, il nous posait en même temps des questions de calcul mental ou d'orthographe." Tous les territoires pauvres, la Corse, la Bretagne, fournissaient la République en petits fonctionnaires, en fonctionnaires coloniaux, dispersés dans l'empire, souvent aussi, pour le Massif central par exemple, en grands responsables politiques. Je dois dire que les méthodes de Jules Pennachioni m'intéressaient assez. Car je crois qu'on ne réalise pas à quel point, par son intrusion scandaleuse, l'école a permis à des enfants de tous milieux d'échapper au crétinisme de la production immédiate : "Non, tu n'iras pas à l'école, tu dois travailler." Ce qui était par ailleurs légitime, si les gens manquaient d'argent, il le fallait. Je crois qu'une des caractéristiques de cette école républicaine, c'est qu'il a d'abord fallu aller chercher les enfants dans les familles qui n'étaient pas du tout disposées à livrer la marmaille à l'Éducation nationale. Victor Hugo a suffisamment milité pour sauver l'enfance du travail forcené à la mine, aux champs, etc. Au fond c'est comme si ces hussards de la République appliquaient les principes martelés par Hugo. »

Sans recourir aux méthodes radicales de Jules Pennachioni, les instituteurs de cette fin du XIXe siècle doivent faire face à la même difficulté.

Jusqu'en 1874, les patrons des filatures, des mines et des diverses usines peuvent embaucher les gamins dès 8 ans. Les malheureux travaillent de dix à douze heures par jour. Seule concession à leur jeune âge : dans les grandes entreprises, ils suivent après leur travail des cours du soir car le patron ne peut les embaucher qu'en échange de cette instruction. À la campagne la situation est pire. Dès 4 ans, les enfants sont employés à garder les animaux et aux menues besognes. Ils ne vont à l'école qu'entre décembre et avril quand cessent la plupart des travaux de la ferme.

## DE L'ÉCOLE BUISSONNIÈRE À L'ÉCOLE OBLIGATOIRE

La fréquentation scolaire est donc un défi majeur pour les enseignants. Et cela reste vrai longtemps après les lois de Ferry rendant l'école obligatoire jusqu'à 13 ans.

Le grand-père de Claude Laforge, instituteur au début du XXe siècle, doit encore batailler pour parvenir à faire venir les élèves de sa commune. Claude, dite Clo, professeure à la retraite, appartient à une lignée d'enseignants, sur trois générations. Elle a conservé précieusement les carnets d'inspection de son grand-père puis de son père, instituteur, toute la famille ayant œuvré en Corrèze. « Le cahier d'inspection, c'est le cahier des rapports que font les inspecteurs quand ils viennent vous contrôler, voir comment vous travaillez, si tout se passe bien. Ils rédigent un rapport et mettent une note », nous explique-t-elle de sa voix douce. Dans celui du 18 février 1904, il est dit que la fréquentation scolaire laisse à désirer dans certaines communes. « Que fait donc l'instituteur pour l'améliorer ? s'interroge l'inspecteur. Pour améliorer la fréquentation très mauvaise dans cette commune, Monsieur l'instituteur s'efforce de faire aimer l'école à l'enfant. Comment s'y prend-il ? Il a établi une correspondance avec les familles. En instituant ce système de correspondance, on peut échanger sur les élèves avec les parents. » Et l'inspecteur de conclure que l'instituteur a instauré un bon système.

La régularité et l'assiduité ne deviennent que progressivement effectives. Dans les faits, elles ne sont véritablement assurées qu'après que l'État a instauré les allocations familiales en 1932. Cette mesure est prise pour inciter les Français à repeupler le pays, et aussi pour que les femmes quittent leur travail pour s'occuper de leur foyer, crise oblige. Mais, conséquence inattendue, les parents en tirent une tout autre conclusion. Puisque désormais chaque enfant leur rapporte, plus besoin de l'envoyer travailler. Il ira à l'école pour s'instruire.

Longtemps, cependant, cette école de la III$^{e}$ République n'a pas concerné tous les enfants. L'égalité n'était pas aussi claire et franche que ses thuriféraires feignent de le croire. Mais là n'est pas l'essentiel. Pour bien comprendre ce qui se cache derrière ce mythe de l'école de la III$^{e}$ République effaçant les différences, dont tant de politiques vantent aujourd'hui les mérites contre tous les prétendus séparatismes, il faut revenir aux raisons et à la façon dont cet État l'a mise en place.

## INSTRUIRE LE PEUPLE POUR CESSER DE LE FUSILLER

L'école républicaine, dès l'origine, est véritablement une affaire d'État. Que l'on pense à Guizot, ministre de l'Éducation puis chef du gouvernement sous la Monarchie de juillet. Sa loi de 1833, le premier grand acte législatif sur l'école, intervient peu après la révolution de 1830 et le soulèvement des canuts lyonnais de 1831. L'objectif est simple : il faut instruire le peuple pour cesser de le fusiller. C'est-à-dire lui apprendre le respect et l'obéissance pour qu'il ne se révolte plus.

C'est dans un contexte similaire que la III$^{e}$ République porte son projet. Elle est née de la défaite de 1870 et de la Commune de Paris de 1871. Pour Jules Ferry, qui a été maire de Paris au moment de l'insurrection et a conduit la répression, l'école doit servir à installer définitivement le nouveau régime dans le cœur et la tête des jeunes Français. Il le dit tout crûment à la Chambre : avec l'école, il s'agit de « maintenir une certaine morale d'État, certaines doctrines d'État qui importent à sa conservation. »

Installer la République, cela signifie apprendre aux enfants du peuple ses principes, ses valeurs. L'enseignement d'une morale républicaine est la tâche principale. On la retrouve dans toutes les matières. Le calcul et l'arithmétique où les problèmes de trains, de robinets doivent inculquer l'ordre et l'épargne aux enfants. En poésie et en rédaction, les sujets traités se veulent édifiants. C'est une véritable œuvre de civilisation du peuple à laquelle sont appelés les instituteurs. D'ailleurs le nom même de ces enseignants n'est pas choisi au hasard. Créé par les révolutionnaires de 1789, *l'instituteur* est celui qui *institue* la nation.

Civiliser ? Le mot n'est pas trop fort. L'État voit les Français, ces paysans, ces ouvriers des faubourgs, comme des sauvages. Il veut les éduquer. Il leur invente des ancêtres : les Gaulois. Les manuels scolaires, notamment ceux d'Ernest Lavisse, expliquent que ce sont des barbares fiers et querelleurs. Il a fallu les Romains pour les civiliser. Le message est clair : pour bâtir une nation, les Français comme leurs ancêtres gaulois doivent se discipliner. C'est l'école qui le leur apprendra.

Faire des républicains pour que le régime s'enracine, faire des Français pour fédérer la nation, donner le sentiment au peuple qu'il appartient à cette nation, qu'il est cette nation et qu'il n'a donc plus de raisons de se révolter, tels sont les principaux objectifs de l'œuvre de Ferry.

On comprend mieux pourquoi certains politiques aujourd'hui clament tant leur nostalgie de ce modèle nationaliste et « civilisateur ».

Pour autant, loin de nous l'idée de réduire le programme républicain à sa seule dimension de « désensauvagement ». Comme le souligne Edwy Plenel dans *La République inachevée, l'État et l'École en France*, l'entreprise de Ferry n'aurait pas connu le succès, malgré l'importance des moyens mis en œuvre (20 000 écoles créées en dix ans, un budget de l'éducation multiplié par dix en vingt ans), s'il n'avait pas rencontré l'adhésion massive des classes populaires.

## « JE VEUX QUE MES FILLES SACHENT CE QU'ELLES SIGNENT »

Comme chaque fois que l'État entrouvre la porte de l'école, les classes populaires s'y engouffrent. Si d'un côté il y a bien eu volonté d'encadrement et de domestication, de l'autre, l'envie d'accéder à ce modèle, à cette forme de vie a été tout aussi forte. Car assez vite les parents ont saisi l'intérêt économique, social et culturel, d'envoyer leurs enfants sur les bancs de l'école. Apprendre à compter, lire, écrire représente des bénéfices précieux. Une institutrice à la retraite résidant à Castres, Annie Pioche, elle aussi issue d'une lignée d'enseignants, nous raconte une anecdote éclairante à ce sujet, à propos de son arrière-grand-père Augustin. « Un jour, le curé de Burlats [un village près de Castres] lui a demandé d'arranger quelque chose à l'église. Il lui a dit "Tiens, Augustin, tu vas signer là. – Mais vous savez bien, monsieur le curé, je ne sais pas lire et écrire" lui a répondu Augustin. "Ben tu mets une croix." Et il a mis une croix. Quand le travail a été fini, après plusieurs mois, il est allé voir le curé.

"Maintenant, il faut que vous me payiez.

– Augustin, je ne te paie pas, tu as signé que le travail était bénévole, que tu le faisais pour l'église.

– Mais... Vous ne pouvez pas... Je ne sais pas lire, je ne sais pas écrire.

– Ben qu'est-ce que tu veux ? Il fallait le voir et le comprendre. Moi, je ne te paie pas." Augustin est remonté chez lui et a dit à sa femme : "Mes filles, elles apprendront à lire et à écrire parce que le curé m'a trompé. Je veux que mes filles sachent ce qu'elles signent, parce que maintenant, on n'a pas d'argent. »

S'affranchir des notables locaux, de la domination du curé, de l'aristocrate du coin... Cette volonté des paysans rencontre à coup sûr le soutien des républicains en butte aux potentats de village, pour la plupart hostiles à la République. Pour favoriser leur remise en cause, le gouvernement instaure d'ailleurs l'élection du maire au suffrage universel dès 1883...

Mais l'ambition populaire est plus large : pouvoir s'intégrer aux nouveaux circuits commerciaux rendus accessibles par le tout nouveau chemin de fer. Ce qui hier était un marché trop éloigné, le chef-lieu, la grande ville, devient désormais accessible. Pour cela, néanmoins, il faut savoir compter en mètres ou en kilos. L'école devient un moyen commode de l'apprendre. De même, être capable d'utiliser le franc là où la livre et l'écu avaient encore cours… Surtout, contrairement à une légende tenace, pouvoir parler la langue de l'administration, de la ville, c'est-à-dire le français, est aussi une volonté des paysans dans un pays où encore un tiers de ses habitants ne connaissent que la langue régionale. Estelle Brénéol, professeure d'histoire et de lettres en lycée professionnel, venue de sa Bretagne natale enseigner en Seine-Saint-Denis, nous l'explique : « Mon père était d'une famille bretonnante, à la maison il parlait principalement breton, il ne parlait pas le français ou très peu. C'est à l'école qu'il l'a appris, comme ses cinq frères. Mes grands-parents pensaient que l'école était une vraie chance. Le français était très important, c'était une manière de s'émanciper. Ils étaient bien conscients que le breton pouvait se parler dans le cercle familial, mais qu'avec le français, les enfants allaient avoir un métier et rentrer dans une vie active autre que la paysannerie. »
S'il y eut bien sûr des punitions pour l'enfant qui parlait « patois », la légende noire qui fait de l'instituteur un adversaire résolu, voire violent, de la langue locale, obligeant

par la force les élèves à adopter le français, est surtout une création *a posteriori* des mouvements régionalistes pour déplorer et dénoncer le déclin de ces dialectes. Du côté des parents et des enfants de cette fin du XIXe siècle, maîtriser le français présente beaucoup plus d'attraits que d'inconvénients. D'où cet attachement particulier à la dictée qui décline un français parfait, qui n'est parlé par personne mais s'apparente à la langue de l'administration, celle qu'il faut comprendre pour être capable de régler ses problèmes avec l'État (impôts, acte de vente, conscription...).

### « AVOIR UNE VIE NORMALE »

Dans leur majorité, les Français adhèrent à cette école républicaine. En témoigne René Alibert, qui vit dans un petit village près de Toulouse et décrit la vie dans la ferme de ses parents. « Ils ont été tous les deux agriculteurs, après leur scolarité. Mon père était métayer avec son papa et ma maman. Ils vivaient dans de petites exploitations d'une vingtaine d'hectares. C'était difficile de gagner un peu d'argent, parce qu'il fallait tout partager avec le patron. On n'arrivait pas à avoir des revenus suffisants pour entretenir une famille. Or souvent, on avait des familles nombreuses. Mon père avait quatre frères, et ma mère aussi. »
Né au lendemain de la guerre, René va dans une petite école de campagne. « Elle était dans un petit village,

avec juste un bâtiment planté au milieu des champs. Une grande salle de classe avec des grandes ouvertures. Elle devait faire dans les 90 mètres carrés. Au milieu, un gros poêle, style Godin, chauffait la pièce. C'était une classe avec un grand mur, le bureau du maître sur une estrade. Derrière, un grand tableau noir. Une classe unique, les 42 élèves disposés par rangées. D'un côté, il y avait les petits, de l'autre les grands. La maîtresse, le matin, commençait par instruire les plus petits. Elle continuait avec les autres jusqu'à la fin de la matinée où elle faisait ses cours aux certificats d'études. Elle donnait du travail au fur à mesure à chaque cours. »

Vivant dans une ferme isolée, René doit parcourir un long chemin de près de trois kilomètres pour se rendre à cette école. « Le premier jour, ma maman m'a amené à travers champs. On a mis à peu près 45 minutes. Le chemin était difficile. On marchait des fois 700 à 800 mètres dans des herbes très hautes, papa était obligé de les couper pour faire un passage. Il y avait aussi un petit ruisseau d'environ un mètre. Ce n'était pas bien méchant, on pouvait l'enjamber. Mais en hiver, il était plus large donc il y avait une petite planche pour passer. Après nous traversions des champs de récolte pour aller jusqu'à la route. L'hiver, il y avait la neige, le brouillard, la pluie. Nous n'étions pas très bien équipés, nos vêtements n'étaient pas toujours très chauds. Mais à cet âge-là, on n'y pense pas trop. On est habitué à résister. On n'a pas de chauffage à la maison,

mais il n'y a pas de problème. Ce qui était important pour nous, c'était qu'on se retrouvait à plusieurs. On avait entre six et dix ans. Chemin faisant, on rencontrait des élèves, souvent plus âgés, qui nous accompagnaient. J'allais à l'école à pied et en galoches. Ce sont des chaussures avec un dessus en cuir et une semelle en bois. Elles nous permettaient de passer à travers champs, dans la boue et par tous les temps. On n'avait pas encore de bottes. Ces galoches étaient bien pratiques, bien chaudes, mais elles ramassaient beaucoup de terre, et surtout quand y avait de la neige, ça collait aux semelles. On se tordait les chevilles. En arrivant à l'école, nous devions les enlever dans la cour pour mettre des chaussures plus agréables. »
Emporté par ses souvenirs, il se rappelle avec émotion les sept années passées dans cette classe. « On commençait par un cours de morale. Après, c'était souvent la lecture. Chacun lisait à haute voix. Cet apprentissage était très intéressant parce qu'on s'écoutait parler et ça, ça donnait une amplitude à l'exercice. Personnellement, j'adorais l'école. J'étais très curieux du savoir. J'étais passionné par les livres et aussi par le calcul mental, tout petit déjà. Il fallait écrire le résultat sur l'ardoise. Pour l'histoire, dans une classe unique, on a les cours de tous les niveaux. Toute l'histoire de France s'ouvre à vous pendant six ans. Ça commençait avec la Gaule et les Romains. C'était passionnant parce qu'on refaisait les batailles, l'institutrice y mettait vraiment beaucoup de cœur. C'était une histoire

racontée en histoires. On apprend tout comme ça, directement, sans difficulté. »

René sort pour nous son livre de mathématiques, qu'il a pieusement conservé. « J'ai voulu le garder parce que là-dedans, j'ai aimé apprendre les calculs difficiles, par exemple la surface d'une pyramide, la surface d'un cône. Ces choses un peu complexes m'ont émerveillé. »

Lorsque nous lui demandons à quoi finalement l'école lui a servi, il répond avec son accent rocailleux : « C'était simplement pour nous instruire, et pouvoir se débrouiller dans la vie. On ne cherchait pas à faire des études supérieures. Mais même dans une exploitation agricole, il faut savoir lire, écrire correctement et faire les comptes. Surtout quand il faut travailler pour un patron. On était en métayage, il fallait pouvoir faire les comptes de fin d'année. C'était ça, l'école, une instruction de base, qui permettait d'avoir une vie normale. »

## UN PRÉSIDENT SUR LES BANCS DE LA COMMUNALE

Une vie normale, une instruction de base : ils sont des millions de petits Français comme René Alibert à les avoir connues, grâce à la communale. Est-ce pour autant que l'école de Jules Ferry a été le creuset de toute une nation dont tous les dirigeants politiques depuis la fin du XIXe siècle ont vanté le succès et l'importance ?

Est-ce là justement que ces dirigeants politiques ont forgé leur civisme et leurs convictions républicaines ? Lorsque l'on étudie leur parcours scolaire, on est aussitôt frappé par un détail : il n'est jamais fait mention de leur école primaire mais toujours des lycées par lesquels ils sont passés, comme si cette première étape n'avait pas retenu l'attention. Une telle absence a piqué notre curiosité. Nous avons creusé un peu plus, examiné leur biographie. De Gaulle ? Il n'a connu que les Frères des écoles chrétiennes et les jésuites. François Mitterrand ? Une école privée catholique. Emmanuel Macron ? Idem... Au total, depuis les débuts de la IIIe République, seuls trois présidents sont passés par l'école communale : Paul Doumer, Georges Pompidou et Jacques Chirac. Encore ce dernier n'y a-t-il été que trois ans, lorsque sa famille s'était réfugiée en Corrèze pendant la guerre... Trois sur vingt-quatre. Le même genre d'écart se retrouve si l'on étend nos recherches aux présidents du Conseil, Premiers ministres et autres responsables de premier plan. Ces politiques ont des avis tranchés, des convictions sur l'école primaire, ses buts et son devenir, mais n'y ont jamais mis les pieds...

Bien sûr un certain nombre ont fréquenté des institutions religieuses, préférant ces écoles à celle de la République, en raison de leurs convictions. Mais la vraie différence avec l'école du peuple ne se situe pas là. Jusque dans les années 1960, la plupart des dirigeants politiques comme des grands patrons sont allés dans une autre école publique. Une école publique mais payante, et de ce fait réservée à une certaine élite : les lycées, cette institution fondée par Napoléon.

Car contrairement à ce que nous connaissons aujourd'hui, ces établissements alors ne se limitent pas aux classes de fin d'enseignement secondaire. Ils débutent dès le cours préparatoire. Ces classes de primaire sont appelées « petit lycée ». Les élèves y font toute leur scolarité sans jamais passer par la communale. Et pour bien marquer la différence, les classes prennent une autre dénomination. Dans l'école du peuple, on démarre au cours préparatoire pour finir au cours moyen 2 ; dans les lycées, on va de la 11e à la terminale, du moins important au plus sérieux, qui rapproche de la réussite « terminale ». Le coût prohibitif des études ne permet qu'à 2 % des enfants de les fréquenter.

Dans chaque grande ville de province, il existe un de ces établissements d'excellence. À Paris, dominent les quatre lycées historiques : Louis-le-Grand, Henri IV, Charlemagne et Condorcet.

## LE PETIT LYCÉE

Nous avons eu beaucoup de mal à trouver un ancien élève de ces lieux réservés aux élites qui veuille bien nous parler. Il ne s'agissait pas tant de la crainte de dévoiler quelque secret mais plutôt de refuser l'idée que le succès scolaire ne soit pas uniquement dû au talent individuel. « Je me suis fait tout seul », « Ma réussite je ne la dois qu'à moi-même ». Le simple fait d'évoquer la possibilité au départ du poids de l'hérédité sociale les faisait se refermer comme des huîtres. Jusqu'à ce que nous rencontrions Thierry Desjardins. Ancien grand reporter au *Figaro*, il a connu le petit lycée à Condorcet, comme son père et son grand-père. Une lueur ironique dans les yeux, tour à tour provocateur et nostalgique, il nous explique ce que représente Condorcet pour sa famille : « Condorcet est pour moi une espèce de maison de famille puisque mon grand-père y a commencé sa carrière de prof, que mon père y a fait toutes ses études et que moi-même j'y suis allé de la neuvième à la khâgne, c'est-à-dire douze ans, c'est beaucoup. » Dès ses premiers mots, nous sommes transportés dans un autre monde. « Comme tous ces bourgeois de l'époque, mon père a eu un précepteur, après avoir eu une nourrice anglaise ou allemande, ça dépendait. Puis, vers 7, 8 ans, il est entré à Condorcet et y a fait toute sa scolarité, ses humanités, comme on disait. Pour aller à Condorcet, mon père descendait devant la Maison de la radio, en gros, prenait le bateau-mouche – à l'époque, le bateau-mouche c'était un autobus, vraiment –, descendait à Concorde et allait à pied à Condorcet. Il a été dans la même classe que Proust. Il paraît que ce dernier était déjà insupportable. Mon père est devenu le grand copain de son frère qui s'appelait Robert Proust et qui l'a entraîné à faire sa médecine. Ils ont fini très copains, professeurs à la faculté, tous les deux chirurgiens. »

Il brosse le portrait de ceux qui fréquentaient le lycée : « Du temps de mon père, la faune condorcéenne, c'était la grande bourgeoisie du quartier. Je sais qu'il y avait le fils de Georges Bizet par exemple. C'était vraiment le Tout-Paris, les fils du Tout-Paris, et le futur Tout-Paris qui se retrouvaient là. Si vous prenez la classe de mon père, tous ces gens vont devenir gouverneur de la Banque de France, ambassadeurs, patrons des grandes banques, grands avocats et donc mon père, patron de chirurgie. De mon temps, c'était déjà moins bien. Dans ma classe, beaucoup de types ont fait leur médecine. Il y a ceux qui ont fini professeurs à la faculté de médecine, chefs de service, chirurgiens des hôpitaux. Et ceux qui n'ont pu faire mieux que médecins de quartier. Il y a ceux qui ont été ténors du barreau, et ceux qui se sont contentés d'être clercs de notaire. Je crois qu'il n'y a eu aucun chômeur dans ma classe. Mais il y a eu des ratés bien sûr. Je dois dire qu'à l'époque, on n'avait pas le sentiment d'être des privilégiés. D'abord parce que le mot privilégié n'existait pas. On préférait parler des défavorisés, et il y en avait beaucoup. »
Il se souvient des classes du petit Condorcet. « Pour entrer au petit Condorcet, en 9e, mon père m'a accompagné. Naturellement, il voulait me faire visiter. Le concierge était un unijambiste, il jouait du tambour à la récréation ou à la fin des cours. Il arrête mon père : "Monsieur, on n'entre pas." Mon père lui dit : "Vous rigolez mon petit bonhomme, je connais Condorcet depuis plus longtemps que vous." Comme mon père était un vieux monsieur, qu'il avait une

grosse Légion d'honneur, le tambour s'est mis au garde-à-vous. J'avais absolument honte, naturellement. »

En quelques mots Thierry Desjardins sait planter un décor : « Pour aller au petit Condorcet, je traversais la place de l'Europe, qui est au-dessus des voies de la gare Saint-Lazare. À l'époque, il y avait des locomotives à vapeur. Chaque fois qu'elles partaient, un immense nuage de fumée blanche recouvrait toute la place. On adorait se perdre dans ces nuages. Mon père est mort lorsque j'avais sept ans, et j'ai été bouleversé. Je me souviens que je rêvais de revoir mon père vivant dans ces nuages comme si c'était au ciel. » Au petit lycée, tout est différent de l'école communale, à commencer par le personnel enseignant. « Ce n'étaient pas des instituteurs. C'étaient des professeurs. Il fallait être à la campagne, avec de la paille dans les sabots pour voir des instituteurs. Dans les lycées civilisés, où y avait du chauffage, de l'électricité et le téléphone, c'étaient des professeurs, même dans les petites classes. »

Il aime nous faire réagir. Dans ses propos, les railleries côtoient les bons mots. Évoquant sa mère, il raconte : « Souvent lorsque j'avais une mauvaise note, il arrivait que ma mère écrive au proviseur pour demander que le prof soit mis à pied. J'avais honte. Mais ma mère m'adorait. » Il lance un grand sourire, l'air de dire, vous ne pouvez pas comprendre.

Mais lorsqu'il nous explique la nature et le sens de ses études à Condorcet, nous percevons l'ampleur de la séparation entre les enfants de la bourgeoisie et ceux du peuple. À l'école primaire, les Gaulois et l'apprentissage du français. Au lycée, le latin… D'un côté, les barbares à civiliser, de l'autre les civilisés. « On faisait ses humanités, ça voulait dire évidemment le latin, le grec, versions et thèmes. Tout le monde connaissait par cœur Eschyle, Sophocle, il y avait un niveau culturel incomparable. Mon père parlait latin-grec couramment. Ce qui était bluffant. J'étais encore petit, mais il m'emmenait déjà à la Comédie-Française, il avait un côté insupportable, il récitait en même temps que les acteurs. Heureusement, d'autres vieux messieurs en faisaient autant. On était pratiquement obligés d'apprendre le latin et le grec, parce que soi-disant, ça nous donnait accès à toute une culture, toute une littérature fondatrice de notre civilisation. Et qu'en plus, ça aidait pour l'orthographe en français, pour comprendre les phrases, pour les fabriquer, etc. C'est vrai qu'il y avait une espèce de ségrégation entre ceux qui faisaient du latin et du grec, et ceux qui ne faisaient que du latin et deux langues vivantes. Et puis alors les crétins des crétins qui ne faisaient pas de latin, pas de grec, et qu'on reléguait dans ce qu'ils appelaient les classes modernes. Il y avait une culture qu'on n'ose pas dire bourgeoise, mais c'était quand même ça, et d'un très bon niveau. Il fallait ça pour être admis dans la bonne société. On allait à l'école non pas pour penser à l'avenir, au métier qu'on allait faire, comment on allait gagner notre vie, mais parce qu'il fallait être bien élevé. C'était une question d'éducation, les humanités, le savoir… On s'imaginait qu'il allait falloir tenir des conversations dans des salons. Si on ne pouvait pas évoquer Stendhal, Flaubert, Racine, Corneille, c'est qu'on était vraiment un plouc arrivant de sa province.» Le savoir-vivre, la culture de la bourgeoisie traditionnelle, voilà ce qu'on apprenait dans les lycées, où l'argent partout présent devait se faire discret. Comme Thierry le dit lui-même avec une moue amusée: «À Condorcet, on méprisait totalement HEC. C'était épouvantable. C'étaient des marchands de couteaux, des marchands de chaussures, etc. Oh là là, le commerce, non, non, non. Mais c'est vrai que peu de marchands de chaussures ont eu le prix Nobel de littérature.»

## UNE EXCEPTION CONSOLANTE

Durant toute la III$^{e}$ République et jusque sous la IV$^{e}$, ce régime des petits lycées a perduré. Jules Ferry n'a jamais envisagé de le supprimer. Tout juste a-t-il ramené l'enseignement du latin à la 6$^{e}$. Autrement dit, la fameuse école de la République était destinée aux classes populaires. L'élite, elle, pratiquait un solide séparatisme qui permettait que ses enfants se retrouvent entre eux, dans des établissements réservés. Le fait que ces lycées soient publics dit assez la vision républicaine de la société. L'argument alors est simple, et partagé aussi bien par la gauche que par la droite. Il y a un danger certain à ce que les élèves d'origine modeste accèdent au lycée. Faute de relations, de réseau dirait-on aujourd'hui, et de ressources nécessaires, ils risquent de ne pas trouver à la fin de leur scolarité de situation conforme à leur degré d'études et à leurs aspirations. Le risque est alors qu'ils n'en deviennent aigris, voire qu'ils se jettent dans la révolte. Une sorte de déclassement par le haut. Pour la tranquillité de la société, il faut donc éviter que les pauvres n'entrent au lycée. Certes, quelques bourses sont dispensées à certains élèves modestes. Sous la III^e^ République, on aime à mettre en avant Édouard Herriot qui a bénéficié de ce système, pour intégrer Normale Sup, avant de devenir l'un des ténors du Parti radical, plusieurs fois président du Conseil et maire de Lyon. Lui-même, lorsqu'il est au gouvernement, ne manque jamais de rappeler son parcours brillant. La preuve que c'est possible.

Jean-Paul Delahaye a connu un parcours similaire. Issu d'un milieu très modeste, il a passé le concours de Normale, puis est devenu professeur de collège avant d'être inspecteur d'académie et de travailler auprès du ministre de l'Éducation, Vincent Peillon, comme conseiller.

« Je suis une exception consolante. C'est une expression que Ferdinand Buisson, le collaborateur de Jules Ferry, employait à la fin du XIX^e^ siècle. Il considérait qu'étaient des exceptions consolantes les enfants du peuple, très peu nombreux, qui parvenaient à accéder à l'enseignement secondaire en tant que boursiers. C'étaient donc des exceptions. Et consolantes. Car dans un monde où les privilégiés s'étaient réservé les meilleures places, faire sortir de temps en temps un jeune du peuple pour l'amener dans l'enseignement secondaire, ça consolait le peuple. Un des siens allait bénéficier de l'enseignement secondaire ! Et puis ça consolait les privilégiés qui se donnaient ainsi bonne conscience, s'ils avaient eu mauvaise conscience, parce qu'ils avaient quand même laissé monter quelques enfants du peuple. Dans les années 1920, le philosophe Alain va utiliser une autre expression que j'aime aussi. Il parle de ces pics superbes, de ces rois nés du peuple. Que l'on fait entrer à l'enseignement secondaire pour donner un air de justice à l'inégalité. Voilà, un air de justice à l'inégalité, c'est l'exception consolante de Ferdinand Buisson. Je me considère, effectivement, comme une exception consolante, parce que quand j'entre au collège de Neufchâtel-en-Bray en 6e, on n'est pas très nombreux. J'ai pu y entrer dans de bonnes conditions en étant boursier interne, c'est-à-dire totalement pris en charge. Ma mère n'aurait pas eu la possibilité de me payer ces études-là. »

## « UNE MASSE DE CRÉTINS »

On le voit donc, la fameuse école républicaine où les conditions sont égalisées n'est qu'un mythe. Rien n'en souligne mieux la fausseté que le dur et long combat mené pour supprimer ces classes du petit lycée et mettre les enfants de la bourgeoisie sur les mêmes bancs que ceux du peuple. Dans les années 1920, Édouard Herriot tente bien de leur imposer le même programme que celui de la communale. Elles font de la résistance, bien aidées par les députés de tous bords. Et quand dans les années 1930, l'accès au lycée devient gratuit, ces classes du petit lycée restent payantes… Sous le Front populaire, Jean Zay veut supprimer ce double-système et en finir une fois pour toutes avec le petit lycée. Peine perdue, le régime de Vichy les réinstaure. À la Libération, ceux qui veulent refonder une nouvelle société dans la foulée du programme du Conseil national de Résistance, les font disparaître mais il faut encore attendre une quinzaine d'années avant que cela soit effectif.

La bataille pour une école unique prend près de quarante ans. Dès que se dessine une avancée, un ministre, un groupe de pression de députés font aussitôt voter une nouvelle barrière. À peine la gratuité des lycées est-elle adoptée en 1930 qu'est mis en place, en 1934, un examen à l'entrée de la 6e… Et que dire des batailles sur le latin ? On ne compte plus les lois qui le rendent obligatoire dès la 6e, un véritable filtre linguistique censé empêcher les enfants des classes modestes d'envahir les meilleures filières du secondaire.

Il faut attendre la fin des années 1960 pour que l'accès au lycée se démocratise. Les réformes de De Gaulle en 1959

permettent à tous les élèves d'entrer au collège. Mais pas au-delà. Au contraire, la philosophie du Général est très claire. Elle demeure celle exprimée tout au long des XIXe et XXe siècles par les élites : pas question que les jeunes de milieu modeste accèdent aux humanités, sous peine d'en faire des aigris. L'argument, avec de Gaulle, se mâtine de technologie. L'économie a besoin de techniciens, d'ingénieurs, pas d'intellectuels ou de penseurs. Les humanités, ce n'est pas bon pour eux. Répondant à une note d'un conseiller du ministère de l'Éducation qui propose d'élargir la base sociologique du lycée, le vieux général écrit : « On va dépenser une masse de crédits pour absorber une masse de crétins qui, normalement, n'auraient pas eu accès à l'enseignement supérieur. »
Malgré tous ses efforts, il ne pourra empêcher une partie de ces nouveaux collégiens des classes populaires d'entrer au lycée, d'obtenir leur bac et de faire… Mai-68.

## UNE ÉCOLE POUR TOUS OU PRESQUE…

Cette histoire particulière de deux écoles, l'une pour le peuple, l'autre pour les élites, continue à peser sur notre présent. Déjà en 1964, Pierre Bourdieu et Jean-Claude Passeron publiaient en 1964 *Les Héritiers*, un ouvrage qui fit grand bruit. Les deux sociologues montraient que ces deux écoles créaient deux mondes séparés, l'un pour les classes populaires, l'autre pour les élites. Chaque fois qu'une réforme envisage de réduire le rôle du latin ou bien d'en faire une option parmi d'autres, aussitôt s'élèvent des voix qui entonnent le refrain du nivellement par le bas, du déclin de la culture. De même lorsque certains osent vouloir toucher aux classes bilangues. Le séparatisme n'a pas disparu, bien au contraire. Lorsque les classes populaires s'engouffrent dans une nouvelle branche, accèdent à un niveau supérieur d'études, la barrière se déplace.

Face à l'obtention du bac par 80 % d'une classe d'âge, la réaction des élites est d'accélérer l'évitement : connaître les bonnes filières, comme les classes internationales, trouver le moyen de contourner la carte scolaire avec des options rares. Sans oublier les cours particuliers pour préparer l'entrée dans ces classes d'excellence.

La stratégie des élites change à chaque génération pour s'adapter à l'ouverture grandissante de l'école au plus grand nombre, comme en témoigne l'histoire familiale de Thierry Desjardins. « Ma fille, je l'ai mise à Henri IV, en la pistonnant à fond. Mes trois petits-enfants, eux, sont à Stanislas, qui est en tête dans tous les classements. On s'est battus pour qu'ils arrivent à Stanislas. Pourquoi ? Parce que c'est la promesse de la réussite. Si vous entrez à Stanislas en 3e, vous avez, en travaillant, une chance d'arriver dans les premiers, d'intégrer une prépa à Stanislas. Si vous regardez les classements à Polytechnique, c'est Stanislas qui a le plus d'entrées dans cette grande école. »

Le mythe de l'école pour tous de la IIIe République sert ainsi à couvrir la permanence d'une école à double entrée. Jean-Paul Delahaye, ancien inspecteur d'académie, le résume parfaitement. Il a encore en mémoire l'échec d'une réforme du collège à laquelle il a participé en 2015 : « Puisqu'on venait de faire un nouveau cycle CM1, CM2, sixième, on avait estimé qu'il y avait un cycle cinquième, quatrième, troisième, et qu'une deuxième langue vivante pouvait être commencée par tous en cinquième. Tous les élèves deviendraient bilangues à partir de la cinquième. C'était un formidable progrès démocratique par rapport à la situation précédente, où seulement 18 % des élèves de sixième pouvaient commencer une deuxième langue. Là, on rendait bilangues 100 % des élèves de cinquième. Des moyens destinés à quelques-uns allaient servir à tous. On s'est pris une volée de bois vert non seulement de la part de gens de droite, mais aussi de gens de gauche… Quand il s'agit de préserver l'intérêt des enfants de certaines couches sociales, il n'y a plus de clivage politique. Il y a un clivage entre les citoyens qui profitent du système et les autres. Quand le nouveau ministre est arrivé en 2017, il a rétabli les sixièmes bilangues pour 18 % seulement des élèves : il a utilisé une partie des moyens destinés à tous uniquement pour concevoir un couloir de formation destiné à quelques-uns. Histoire, surtout, que les torchons ne se mélangent plus avec les serviettes. »

Une autre preuve de cet héritage ? Nous sommes le seul pays européen qui fait porter l'essentiel de l'effort sur le secondaire alors que dans les autres pays, on préfère assurer les bases en finançant le primaire. Jean-Paul Delahaye conclut dans un sourire doux amer : « Les enfants de l'élite ne mettent pas un pied à l'université, ils sont dans les classes prépas, dans les grandes écoles. Ensuite ils gouvernent la France, mais ils n'ont jamais vu un enfant de pauvres de près. On a donc une élite élevée hors sol, complètement coupée des autres, qui gouverne aujourd'hui le pays. Ce n'est pas volontairement qu'ils ont capté l'argent, mais petit à petit, au fil du temps… »

Chapitre 2

# UNE ÉCOLE DU MÉRITE OU DE L'EXCELLENCE

Parmi les arguments les plus fréquemment avancés pour déplorer l'état actuel de l'école, celui répété à satiété concerne le niveau. Il serait bien plus faible qu'autrefois. L'école d'hier, schématiquement celle née avec Jules Ferry et qui aurait duré près de quatre-vingts ans, jusque dans les années 1960, aurait formé des générations d'élèves sachant compter, lire et surtout écrire sans faute. Ah l'orthographe de nos aïeux! Toujours impeccable à en croire l'opinion commune. Opinion que l'on retrouve chez nos témoins. Lorsqu'il parle de ses parents, Jean-Claude Mille, que nous avons interviewé parce qu'il a intégré l'école de formation de la SNCF, nous l'assure: « Papa est allé à l'école à Boulogne et maman était à celle de Desvres, un petit patelin à 20 kilomètres de là, dans le Pas-de-Calais. Ils ont arrêté à dix ans et demi. Mais l'un comme l'autre écrivaient sans aucune faute d'orthographe, comptaient sans problème. »

Les parents, les grands-parents ne possèderaient que les rudiments, mais parfaitement. Jean-Paul Delahaye, notre ancien inspecteur d'académie, brosse un portrait chaleureux de son grand-père. « C'était un très bon élève, mais sa mère était employée chez un grand fermier et il devait l'aider de temps en temps. Plus tard, il a été ouvrier agricole à la belle saison puis l'hiver, bûcheron dans la forêt de Crécy. Il était l'un des rares ouvriers agricoles du village à maîtriser suffisamment la lecture, l'écriture pour en devenir l'écrivain public. Il aidait les gens à débrouiller des affaires, à remplir des documents administratifs. Il allait d'ailleurs régulièrement à la sous-préfecture d'Abbeville pour plaider la cause de tel ou tel habitant. Après la guerre de 14-18, il est revenu avec des problèmes de santé parce qu'il avait été gazé, il a pris de l'importance dans le village et en est devenu le garde-champêtre. Dans mon souvenir, il est resté celui qui me conduit dans sa tournée. Il n'avait pas de tambour mais une clochette. Il allait de placette en placette pour annoncer un certain nombre d'événements ou d'informations. »

Derrière ce récit d'un très bon élève, se dessine en creux un tout autre décor. Si son grand-père fait office d'écrivain public pour les villageois c'est bien que ceux-ci, pourtant passés par l'école gratuite et obligatoire, ne maîtrisent pas assez le français pour s'adresser à l'administration ou écrire une lettre.

Lorsque l'on se plonge dans la nombreuse correspondance des poilus de la Première Guerre mondiale, on s'aperçoit que certes ils savent écrire mais que leur orthographe est souvent des plus approximatives. Les mots sont écrits phonétiquement et les phrases compliquées à déchiffrer. La maîtrise de la langue n'était pas le lot du plus grand nombre.

Pourtant la plupart de nos témoins nous l'assurent: leurs grands-parents, leurs parents ont tous passé brillamment leur certificat d'études. Le certif était, jusque dans les années 60, l'examen le plus important, il clôturait les années de la primaire. Pour l'obtenir, il fallait une orthographe parfaite car commettre plus de cinq fautes à la dictée était rédhibitoire.

Contrairement à notre pratique actuelle consistant en l'inscription automatique à certains examens, tels le brevet ou le baccalauréat, tous ceux en âge de passer le certif n'étaient pas présentés. C'était à la discrétion de l'instituteur qui décidait qui parmi ses élèves pouvaient y prétendre. Il sélectionnait ceux ayant le maximum de chances de réussir car le pourcentage de succès rejaillissait sur sa réputation: plus il avait de reçus, plus il passait pour un bon enseignant. Pas question de prendre un risque avec un candidat tangent. C'est de cette pratique qu'a souffert Bernard Seirolle, né en 1944, un ouvrier syndicaliste des Aciéries de Pompey. Il fait partie de ces enfants qui n'ont connu que l'école primaire: « Ma dernière année de scolarité, j'ai été le premier de la classe mais l'instituteur n'a pas voulu me présenter au certificat d'études parce que je faisais plus de cinq fautes, et que je ne l'aurais pas. Il ne présentait que des candidats qui auraient à coup sûr le certificat d'études. Ça fait que je me suis fâché avec lui. Je lui ai dit : "Je n'ai plus rien à foutre avec vous parce que je perds mon temps, je vais chercher du boulot." » Pareille déconvenue était assez fréquente. La totalité des candidats ne représentait pas plus de la moitié des élèves en capacité de le passer.

## LA DICTÉE, UNE PASSION FRANÇAISE

On le voit, la dictée était l'épreuve la plus importante, celle qui a le plus traumatisé des générations d'élèves, le fleuron de cette école traditionnelle et que régulièrement, non sans démagogie, certains ministres de l'Éducation entendent remettre à l'honneur. La dictée, avec son barème savamment calculé, constituait le point d'orgue des examens de l'école primaire. Même dans les colonies, sa mémoire persiste, comme chez Bachir Hadjadj, 83 ans, qui a grandi en Algérie. Son père devenu caïd, un petit fonctionnaire de l'administration coloniale, a pu le faire entrer dans l'école française grâce à sa fonction. Bachir a ainsi échappé à la filière réservée aux indigènes, de bien mauvaise qualité, où l'on apprend ce que le directeur de l'enseignement en Afrique appelle le « français utile », un français ramené à sa plus simple expression, suffisant pour comprendre les ordres du colon. La famille de Bachir a bien compris l'enjeu de l'instruction. « Mon grand-père disait à mon père : "Sache que le Français ne t'est supérieur ni par la générosité ni par le courage, mais par l'instruction. Il faut que tu sois instruit si tu veux un jour te hisser à sa hauteur et être capable de le sortir du pays." »

Grâce aux connaissances dispensées dans cette école française, Bachir a pu aller au lycée de Constantine. Il se souvient de l'examen d'entrée. « Il se composait de trois matières. Il y avait une dictée avec des questions de compréhension. Il ne fallait pas faire de fautes de grammaire car chacune enlevait quatre points. Donc si vous faisiez 5 fautes, vous étiez éliminé. La deuxième épreuve était un exercice de calcul. Ça, c'était neutre. Mais pour les enfants que nous étions, la troisième épreuve était terrible, c'était le compte rendu. On vous lisait un texte et vous deviez en faire un résumé de dix lignes. Même maintenant, à 83 ans, je me rappelle de la dictée que j'ai eue. C'était un texte de Jérôme et Jean Tharaud qui décrivait une école, où on parlait d'enfants au crâne rasé qui récitaient un verset du Coran. Est-ce que c'est "aux" ou "au" ? Pluriel ou singulier ? Il y avait 4 points en jeu… »

Cette épreuve reine dit tout de la qualité de l'enseignement dispensé par les hussards noirs et leurs descendants. Une épreuve fondée sur une langue idéale, que personne ne parle et que l'on ne lit que rarement. Mais peu importe, le principal est de connaître par cœur les règles orthographiques et les petits « trucs » à mémoriser pour bien s'en sortir. Le fameux « mais ou et donc or ni car »...

Il faut tout l'art de Daniel Pennac pour faire sentir la stupidité de la dictée telle que l'école la pratique, mais aussi combien elle pourrait être intéressante bien employée – ce qu'il tenta de faire une fois professeur : « La dictée est un merveilleux exercice, qui a souffert d'une réputation abominable. Parce qu'il a été pratiqué de façon stupidissime. Moi je n'avais que des notes négatives en orthographe quand j'étais en 10 e, en 9 e, 8 e, etc. Je me souviens d'un enseignant qui me disait "moins 42, ça ne se réchauffe pas chez vous, Pennachionni". La dictée est un magnifique exercice parce que c'est un jeu avec la langue. Mais pas si on l'assène, comme ça, boum, dictée. De mon temps, c'était deux points par faute d'orthographe, un par faute de ponctuation, quatre par faute de grammaire. C'est le seul exercice où on a 20 tant qu'on ne l'a pas fait. Rien que ça, c'est tout à fait déprimant. La notation négative de la dictée est une absurdité psychologique apparemment jamais remise en question. Pour moi, tant qu'on n'avait pas fait la dictée, on avait zéro. Quand on avait fini la dictée, on avait forcément quelque chose, parce qu'il n'y avait pas que des fautes, il y avait quelques mots écrits juste, il fallait donc les payer, ceux-là. Donc, on partait de zéro et on allait vers une note positive. En plus, on faisait des dictées sur des notions étudiées. Et la méthode...

on ne peut pas parler de méthode, c'était presque des jeux. Par exemple : on venait de faire un cours sur le complément d'objet direct. Alors à la fin du cours, je disais : "Paul. Pour demain, tu nous fais une dictée, cinq lignes, mais il faut que tu me mettes un participe passé conjugué avec *avoir* avec complément d'objet direct placé avant. Un participe passé avec *avoir*, avec le complément direct placé après. Ensuite, trouve-moi deux épithètes féminin pluriel. Parce que tu sais comme vous êtes, vous accordez au pluriel et vous oubliez le féminin. Et tu prends un infinitif du premier groupe qui suit un verbe conjugué." Le gosse notait et chez lui, il faisait la dictée du lendemain. Le sujet était libre. Le lendemain, la correction de ce petit texte durait le temps que ça devait durer. "Lis-moi la première phrase. – Tatatata... – Très bien. – Où est le verbe conjugué ? – Il est là. – À quel temps ? – D'accord. – Est-ce qu'il y a un auxiliaire ? – Oui. – Quel est-il ? A-t-il un complément d'objet direct ? – Oui. – Devant, derrière ? – Devant. – Tu l'accordes ? – Oui parce que c'est *avoir*. – Alors, ça donne quoi, l'accord ?" Mot à mot. Tous les jours. En changeant le locuteur. Celui qui fait la dictée n'est jamais le même. La correction est aussi systématique, le texte est très court. Voilà, vous avez dédramatisé l'exercice, et vous payez les gosses, puisqu'il faut les payer avec des notes à chaque difficulté résolue. Ils n'ont plus jamais 0. »

## L'ÉPOQUE DU «PAR CŒUR»

La dictée de la communale en dit long sur la pédagogie des instituteurs. Elle ne repose guère sur la compréhension et la découverte. Le «par cœur» règne en maître. Notre élève d'une petite école de campagne près de Toulouse, René Alibert, se souvient: «Toutes les leçons que nous faisions en classe, les sciences, l'histoire, la géographie, le vocabulaire, la grammaire étaient en forme de résumé de 5 ou 10 lignes, en bas de chaque page du livre, que nous devions apprendre par cœur.»

Dans les années 1950, cette méthode, loin de favoriser la réflexion et l'esprit critique, est encore pratiquée. Passer huit ans à répéter et rabâcher les mêmes règles d'orthographe, Hortensia Ines apprenait les leçons d'histoire inchangées depuis la IIIe République. Fille d'anarchistes espagnols persécutés à Barcelone sous Franco, elle réussit à rejoindre la France avec ses parents au printemps 1957. Privée d'école en son pays, elle se fait une joie de pouvoir s'y rendre à Toulouse. Mais sa déception est à la hauteur de ses espérances: «J'étais en manque de savoir. J'ai appris à lire, à écrire, à compter, etc. sans problème. Mais il y avait une discipline terrible, totalement injustifiée: le bonnet d'âne, le piquet… Même les méthodes d'apprentissage n'étaient pas extraordinaires. Cela faisait des petits élèves bien soumis, bien gentils. La maîtresse parlait. Elle écrivait au tableau. Il fallait recopier, et bien recopier – j'arrivais à avoir pratiquement l'écriture de la maîtresse tellement j'étais obéissante. Ensuite il fallait apprendre par cœur, ainsi que la leçon dans le livre. Pas d'analyse, pas de discussion, pas de débat qui aurait pu être enrichissant. Venait l'interrogation. J'étais habituée à répéter bêtement. En histoire, je me souviens que Charlemagne avait, dit-on, le ventre un peu bedonnant – ça m'est resté cette phrase –, et j'ai tout répété sur ma copie : l'empereur à la barbe fleurie... »

## DE BELLES HISTOIRES

L'histoire telle qu'enseignée par l'école de Ferry, à travers les manuels comme ceux d'Ernest Lavisse, publiés à partir de 1884 et encore réédités dans les années 1950, fait apparaître la nature de l'instruction et sa qualité, tant vantée par les défenseurs de notre roman national. C'est Guy Cirla qui l'explique le mieux. L'ancien instituteur qui a commencé sa carrière au tout début des années 1970 dans l'Ariège est un pur produit de cette école traditionnelle. À travers son parcours, il témoigne parfaitement de l'évolution de la communale et de l'objectif qui fut le sien : audelà du savoir dispensé, fabriquer des patriotes.

« À l'école primaire, j'avais appris la chronologie : le baptême de Clovis, Charlemagne à la barbe fleurie, Jeanne d'Arc, Louis XI l'Araignée, etc. : on nous parlait d'individus. C'est sur Charlemagne, je crois, que j'ai eu le déclic un jour, justement en enseignant aux enfants. On parlait d'Aix-la-Chapelle. Je me suis posé la question, mais où c'est Aix-la-Chapelle ? Évidemment, Aix-la-Chapelle, c'était Aachen en Allemagne. En allant un peu plus loin, on se rendait compte que Charlemagne, revendiqué en France comme empereur, l'était aussi par les Allemands qui en ont fait un saint. J'ai commencé à développer un regard critique. »

Dans les années 1970, cette façon d'enseigner l'histoire a été peu à peu transformée. Guy Cirla en explique le sens et surtout la profonde différence avec l'ancienne méthode. « La réforme sur l'histoire, en reposant sur l'étude des documents et non pas sur un récit, était beaucoup plus honnête. Avec les gamins, j'ai fait la comparaison de documents sur la guerre de 14 avec un ancien livre d'histoire, où on racontait les taxis de la Marne. Il y a une jolie gravure : c'est la fin de l'automne, les blés ont été coupés, etc. Là, les taxis montent au front. Je remarque qu'on ne parle absolument pas de morts dans cette guerre. Alors que dans les documents, c'est autre chose. Les lettres de poilus, par exemple. Je demande aux enfants ce qu'ils en pensent. Sur le vieux livre, un gamin a cette phrase, lumineuse à mon avis, "on dirait une histoire". Voilà. On nous raconte une histoire. On entre alors dans une autre logique, celle d'avoir une connaissance sur notre passé, alors qu'avec le roman républicain et l'école de Jules Ferry on construit une identité républicaine. »

À travers cet exemple, on comprend mieux la vraie nature de l'enseignement porté par l'école de la IIIe République.

Ce n'est pas tant la qualité et la connaissance qui sont recherchées que la formation d'une conscience nationale et républicaine. De là à dire que le niveau des élèves d'hier était plus élevé que celui d'aujourd'hui...

C'était un savoir pour toute la vie. Un bagage qui devait servir aux enfants qui n'allaient pas au-delà du primaire. D'une certaine manière, bien ou mal travailler à l'école n'avait qu'une importance relative. Ce qui comptait, c'était cette prise de conscience nationale, cette imprégnation de valeurs communes. Qu'ils soient bons ou mauvais, les élèves s'arrêtaient à 13 ans.

## DE L'UTILITÉ DES GUERRES

Depuis sa création dans les années 1880 jusqu'aux années 1920, cet enseignement demeure quasi inchangé. En fait il faut la boucherie de la Première Guerre mondiale pour que des voix suffisamment puissantes s'élèvent pour remettre en cause l'école bâtie par Jules Ferry. De 1870 à 1939-1945 en passant par 1914-1918, chaque conflit engendre les mêmes réflexions. Vaincue ou bien profondément touchée par les batailles sanglantes, la France se lance dans un grand débat sur l'école. Elle représente l'avenir, l'espoir que, bien éduqués, les enfants sauront une fois adultes éviter les erreurs de la génération précédente.

Le 11 novembre 1918, l'armistice est amer pour les maîtres d'école. La moitié des instituteurs partis au front ont été tués ou mutilés. Surtout leur esprit est troublé. Leurs leçons sur l'amour de la patrie n'ont-elles pas mené des générations d'élèves en enfer ?
En Europe, un même cri s'élève. « Plus jamais ça ! » Des pédagogues de tous les pays cherchent comment éduquer les enfants à la justice et la paix.
Annie Pioche, ancienne institutrice castraise, a conservé les quelque 3 000 lettres que se sont échangés ses grands-parents durant le conflit. Son grand-père qui a fait toute la guerre est représentatif de l'état d'esprit qui anime les instituteurs. En 1918, il écrit à sa femme : « Je ne suis pas comme les soldats de Napoléon en faisant la guerre, je ne contracte pas l'amour de la guerre, bien au contraire. Je désire revenir dans le civil, ne serait-ce que pour combattre un peu l'esprit barbare, l'esprit sanguinaire qui semble s'être glissé trop facilement dans l'esprit de nos élèves. Je crois pouvoir le détruire facilement lorsque je leur aurai montré l'horreur de la guerre à laquelle je prends part. »
Quand Célestin Freinet, 24 ans, retourne dans une classe de son Midi natal, il est en piteux état. Une balle a traversé un poumon, il ne pourra ni crier, ni trop parler, il doit compter sur ses élèves. Mais surtout, il revient plein d'idées en tête. Fini pour lui les grandes leçons sur l'amour et l'obéissance à la patrie, il veut des élèves qui comprennent et pensent. Il teste une nouvelle pédagogie. Annie Pioche nous raconte

le choc que la découverte de cette méthode a constitué pour elle.

« Mon enseignement a beaucoup varié entre ce que j'ai appris élève, ce que j'ai appris au début à mes élèves, et ce que j'ai fait ensuite grâce à une amie qui avait été institutrice et élève de Célestin Freinet. C'était un monde complet. L'inspecteur l'avait envoyée dans ma classe. Elle m'a dit : "Est-ce que tu te souviens des résumés d'histoire, géographie, sciences, qu'élève, tu as appris par cœur et récités ? – Non, bien sûr. – C'est pareil pour tes élèves. Tu les fais réciter, mais ça n'a pas de sens. Il faut que tu leur apprennes à réfléchir, qu'ils te posent des questions sur ce que tu leur expliques, mais pas que ta science soit directement versée aux enfants. Il faut que ça vienne d'eux." Ça a été dur, très dur. Mais j'ai compris. Je suis allée en stage chez elle et j'ai été émerveillée par sa façon de réagir avec ses élèves. La façon dont ils lui parlaient, dont elle leur répondait. Il y avait une connivence et ça, ça n'avait pas de prix. J'avais une classe de cours moyen de 1re et 2e année, j'ai essayé de pratiquer cette pédagogie et on a correspondu avec sa classe. Ses enfants nous envoyaient des lettres avec des dessins magnifiques. On ne savait pas répondre de la même façon. Ce n'était pas possible. Parce qu'elle les avait de la section enfantine jusqu'au certificat d'études. Ils avaient toujours travaillé comme ça. Moi, j'aurais voulu du jour au lendemain que les miens fassent pareil. »

Les changements s'opèrent peu à peu pour permettre aux élèves d'être plus actifs. Annie Pioche estime qu'il lui a fallu une dizaine d'années pour s'approprier pleinement la pédagogie de Freinet. « J'avais une classe avec les tables en rang les unes derrière les autres. Je pensé : "Mais pourquoi tu fais travailler les élèves comme ça ? Quand elles se parlent, celle de derrière ne voit pas celle de devant. On va changer." J'avais à peine une vingtaine d'élèves. J'ai disposé les tables de telle sorte qu'elles puissent se voir et se répondre sans se tourner. Au fond de la classe, j'avais des fascicules établis par l'école moderne – ça s'appelait des bibliothèques de travail –, de petits livrets où on traitait un sujet à hauteur d'enfant. L'enfant comprenait ce qu'il y avait dans ce livre. Quand il avait fini son travail de calcul ou de grammaire, il avait le droit de se déplacer sans bruit, d'aller dans le coin bibliothèque que j'avais, avec l'aide de mon mari, bien équipé et il lisait. Si c'était intéressant, il en faisait un exposé à ses copains. Il disait ce qui lui avait plu, et je voyais s'il avait bien compris la lecture. »
Cette expérience a transformé sa vie d'institutrice. « C'est une pédagogie qui demande beaucoup de travail. Il ne faut pas laisser faire l'enfant complètement. Il a besoin de guides, de barrières. Mais il faut aussi qu'au bout de l'année, il ait vu tout le nécessaire pour entrer en 6e. Savoir lire, mais pas lire à haute voix comme à l'époque, en comprenant sa lecture, en sachant analyser un problème. »

Les élèves de Freinet font le lien entre les savoirs qu'ils découvrent, leur vie quotidienne et le monde du travail dans lequel ils baignent. Ils s'entraident, trouvent des réponses ensemble. Célestin Freinet appelle cela l'école de la coopération. Il ne s'agit plus de faire des perroquets qui récitent leurs leçons mais des enfants qui comprennent et pensent.

## LE MÉRITE ET LA QUÊTE DU SAVOIR

Freinet n'est pas le seul à vouloir changer l'école de Ferry. D'autres figures ont aussi été profondément marquées par la guerre. Des professeurs, des universitaires qui n'ont pas oublié la fraternité des tranchées avec des ouvriers, des paysans. Combien de ces simples soldats se sont montrés plus compétents, plus courageux que leurs officiers ? Comment la nation a-t-elle pu passer à côté de ces hommes du peuple talentueux, intelligents ?
Ces professeurs crient au gâchis et veulent mettre fin à la division scolaire qui laisse tous les postes à ceux qui sortent des lycées, l'école des riches. Leur slogan est clair : « Nous avons été ensemble dans les tranchées, nos enfants iront sur les mêmes bancs de l'école. »
Ils prônent une école nouvelle, l'école unique où tout le monde, enfants de notables comme enfants du peuple, passerait sur les bancs de la communale. À la sortie, les meilleurs élèves seraient choisis pour devenir la nouvelle élite.

Plus question d'argent ou de naissance, place au mérite. C'est une notion nouvelle appelée à un grand avenir. Tout au long des années 20 et 30, des pédagogues, des enseignants, des scientifiques débattent en France, mais aussi de manière internationale, de projets d'école et de pédagogies nouvelles. Ils cherchent à former des adultes différents, à faire accéder plus d'enfants d'origine modeste à la culture et à un savoir de qualité.

Le Front populaire de Jean Zay reprend à la fois l'ambition d'un Freinet et celle de ces professeurs. Il veut en finir avec l'école des notables contre celle du peuple, démocratiser les savoirs.

Ce n'est pas un hasard si durant cette période les bibliobus voient le jour. Au musée du Louvre, les conservateurs discutent avec les gardiens pour organiser des nocturnes afin d'en permettre l'accès aux ouvriers après leur journée de travail.

Il y a une volonté marquée de permettre au plus large nombre d'élèves d'accéder à de plus vastes connaissances. Jean Zay a 34 ans et il est à la fois ministre de l'Éducation, de la Recherche, des Sciences et de la Culture.

Pour lui, il faut rester plus longtemps à l'école et apprendre plus. Il désire ramener le certificat d'études à 11 ans et allonger la scolarité à 14 ans. Durant ces trois ans, les élèves du primaire iront au collège où ils découvriront toutes les matières, du latin aux arts plastiques, en passant par les travaux manuels.

Au sein même de la gauche, les anciens des lycées bloquent, hurlent au nivellement par le bas.
Puisqu'il ne peut faire passer sa loi, Jean Zay passe par le terrain, ce sont les enseignants qui prennent en main la transformation de l'école. Célestin Freinet, le pédagogue Henri Wallon, le scientifique Paul Langevin sillonnent la France pour dialoguer avec les instituteurs. Des professeurs et des instituteurs expérimentent ensemble ce nouveau collège. Ils aident les élèves durant la 6e à choisir leur futur. L'orientation est la grande idée de ce projet. Car il est important que tous les élèves aient la possibilité de se réaliser selon leurs désirs et leurs centres d'intérêt. Ils auront le choix entre le classique, avec le latin, le moderne avec les langues et la science, et enfin le technique.
Jean Zay va mener, pendant trois ans, un combat pour élever le niveau de savoir. Mais les députés refusent ce projet de loi, au nom « des droits du père de famille et des disciplines gréco-latines ». Ils s'élèvent contre « l'école unique totalitaire et athée ».

## LE COLLÈGE POUR TOUS

Une fois de plus, il faudra une guerre, celle de 1939-1945. Les changements vont venir des parents. À la Libération, les classes populaires aspirent à cette culture classique qui leur était inaccessible. Les tout nouveaux comités d'entreprises ouvrent des bibliothèques, ils font le succès du Théâtre national populaire dirigé à partir de 1951 par Jean Vilar. Un demi-million de salariés vont y voir le comédien Gérard Philipe. Pour les y pousser, des aménagements sont opérés, l'heure de la représentation est avancée à 20 heures pour ne pas finir trop tard, un dîner froid est servi sur place pour ceux qui arrivent directement du travail, le pourboire aux ouvreuses est supprimé. À l'instar des hussards noirs de la République, les artistes proposent un service public, laïc et civique qu'ils veulent aussi essentiel que le gaz et l'électricité.

Nathalie Broux, une professeure agrégée qui enseigne depuis vingt ans en Seine-Saint-Denis, se souvient que sa grand-mère partageait cette soif de culture. « Elle n'était pas d'un milieu très favorisé. Elle a toujours vécu dans la cité où elle a fini ses jours. En même temps, elle nous emmenait dans tous les grands théâtres parisiens, aux spectacles, au cinéma, partout. »

Cette demande se traduit, dès le milieu des années 1950, par une ruée des enfants vers les cours complémentaires. Ce sont trois années d'approfondissement, souvent à caractère technique, qui sont proposées à la sortie du primaire pour ceux qui le désirent. En 1955, alors que la scolarité n'est obligatoire que jusqu'à 14 ans, un élève sur quatre continue au-delà.

Arrivé au pouvoir en 1958, de Gaulle tente de faire face à cette poussée. Le décret et l'ordonnance de 1959 instaurent d'une part la scolarité obligatoire jusqu'à 16 ans et la création de collèges d'enseignement général, les fameux CEG. En 1963, ce sont au tour des Collèges d'enseignement secondaire, les CES, de voir le jour. En moins de cinq ans, la V^e République crée tout un « système scolaire ».

Désormais chaque élève passera par l'école primaire et par le secondaire. Le collège pour tous est une réponse au souhait des parents qui poussaient leurs enfants à rester plus longtemps à l'école.

Mais ce faisant, de Gaulle ne répond que partiellement à cette demande, ou plutôt il y répond selon ses propres critères. C'est l'avènement de l'État planificateur. Le constat des experts qui gravitent dans l'orbite du pouvoir est simple. La France produit moins de diplômés que les autres pays occidentaux et même que l'URSS... Elle manque de cadres, de techniciens, d'ouvriers qualifiés. Le problème des planificateurs, et celui de De Gaulle, est d'être concurrentiel et de répondre aux besoins économiques. Les technocrates vont donc décréter le nombre de cadres, de techniciens, et d'ouvriers nécessaires à la France.

Ils décident que seul un jeune sur cinq peut devenir étudiant. Et même qu'un élève sur trois doit sortir sans aucun diplôme.

Il faut trier les futurs travailleurs, voilà la nouvelle mission de l'école.

Pour les Français, comme les immigrés, peu importe. La perspective de voir leurs enfants obtenir une formation meilleure que la leur et d'accéder à un meilleur métier leur suffit largement.

Il faut imaginer le bouleversement que représente l'instauration de ce collège généralisé. L'État s'est donné pour mission d'en construire un par jour. De 1965 à 1975, près de 3500 vont sortir de terre. La pression est si forte que l'Éducation nationale n'hésite pas à mélanger garçons et filles dans ces nouveaux établissements. La mixité s'installe sans qu'aucune loi ne vienne l'officialiser.

Pour les enfants, c'est le début d'une grande aventure. Le chemin de l'école s'allonge de plusieurs rues en ville, et davantage à la campagne quand il s'agit d'aller au collège.

Au-delà de ces chiffres, de cette ruée, il faut bien voir qu'il y a une sorte d'accord entre les nécessités de l'économie telles que fixées par de Gaulle et les désirs de la population. Le résultat se traduit par une hausse formidable du niveau scolaire. Ce ne sont pas seulement deux années supplémentaires de scolarité que les enfants ont gagnées, mais un accès à des savoirs jusqu'alors réservés à quelques-uns.

Cette nouvelle école repose cependant sur le tri des élèves. C'est là l'une des caractéristiques de l'école française impulsée sous la V^e^ République : une machine à sélectionner.

Le mérite en est le moteur affiché. Être bon à l'école donne des perspectives de promotion sociale. L'État l'affirme, l'excellence est récompensée.

## AVOIR UN BEAU DIPLÔME

Toute l'école repose sur la philosophie du diplôme. Une philosophie que nous résume bien le physicien Étienne Klein. Son parcours à lui tout seul est synonyme de cette excellence prônée.

Il nous le décrit avec gourmandise : «Après le collège, je suis rentré au lycée Blaise-Pascal, à Orsay. Il y avait beaucoup d'agitation. Pour échapper aux contrôles, un élève appelait pour dire qu'une bombe était posée à tel endroit. Donc on était tous évacués dans la cour, les pompiers arrivaient, etc. C'était tellement systématique que j'en ai eu assez. J'ai tanné mon père pour qu'il m'inscrive dans un lycée parisien parce que beaucoup de mes copains avaient la même intention. Au bout de trois mois, mon père a écrit à Louis-le-Grand, avec mon bulletin scolaire, et j'ai été accepté en première. Ça a été un choc parce qu'il n'y avait pas de filles, alors qu'à Blaise-Pascal, elles étaient plus nombreuses que les garçons dans ma classe. Mais Louis-le-Grand n'était pas mixte. Il y avait un niveau incroyable et j'ai adoré ça. En français par exemple, première épreuve écrite, je me suis retrouvé avant-dernier. J'ai travaillé, travaillé. À la fin de l'année, j'ai fait une dissertation et j'ai été premier. Cette ascension, cette progression, c'était quand même magnifique. Les évaluations étaient plutôt bien faites. Ce n'étaient pas des sanctions. On ne vous mettait pas 2 avec un point d'exclamation, “c’est nul !”, etc. On recevait des indications sur ce qu’il fallait faire pour avoir une meilleure note. L’idée de progression était inscrite dans la façon d’évaluer. Ça m’a énormément aidé. Je voulais apprendre. Je voulais faire des exercices difficiles. Je voulais ne pas comprendre, puis comprendre, c’était ça mon plaisir. Ne pas comprendre et comprendre. C’est légitime. Je n’ai pas honte d’avoir éprouvé ce plaisir. »

Cette jouissance intellectuelle que connaît Etienne Klein s’inscrit dans un cadre très bordé dont la finalité est en quelque sorte le diplôme qui vient sanctionner la progression.

Il ne tarde pas à se transformer en une véritable compétition où examen et concours ressemblent à des médailles qu’il faut décrocher. La comparaison, c’est Martin Fourcade, le quintuple champion olympique de biathlon, qui la fait. « J’ai eu la chance que mon collège de secteur soit un Collège Sport-Études, le collège lycée de Font-Romeu. Section sportive ski de fond, puisque c’est ce que j’avais envie de faire. À partir de ce moment, pour moi, l’école, c’est un rapport à la compétition : comment je fais pour être meilleur que mon camarade ? Il y avait vraiment une émulation très forte. En sport, bien sûr, sur la piste, mais aussi en dehors, à l’école, entre les sections, par exemple entre les sections ski alpin, athlétisme et ski de fond. Le but, c’était aussi d’être le meilleur en français, d’être le meilleur en bio. Je suis persuadé que c’est vraiment là que j'ai construit mon ADN de compétiteur. Pas de sportif, mais de compétiteur. »

Selon lui, « en général, les classes en section sportive avaient plutôt des bons résultats à l'école. À cause de cette émulation et parce que souvent le projet sportif était suspendu à de bons résultats scolaires. Il n'y avait pas de différence entre les deux, en tout cas sur l'état d'esprit, sur l'investissement, sur la manière d'essayer d'être performant. » Martin Fourcade reconnaît avec humour que cet esprit compétiteur peut être parfois pénible : « J'avais du mal à jouer à des jeux de société avec ma compagne parce que je ne lâche pas. »

L'école, une compétition ? Pour le biathlète, la comparaison n'est pas fortuite. « On est dans un système où la note est synonyme de performance. Donc, oui, je la compare à la partie performance du sport. Mais au niveau scolaire, la note vient en général récompenser un apprentissage. Donc aussi le plaisir d'avoir réussi à intégrer quelque chose, à comprendre quelque chose. »

Performance, compétition, note, le vocabulaire sportif est aisément transposable à celui de l'école. Les notes devenant le seul étalon mesurable de l'acquisition ou non des savoirs. Pour nombre d'enfants, ce challenge est une puissante motivation, une énergie positive qui les pousse à apprendre et à se dépasser.

Mais faire de l'école une compétition pour dégager du lot les meilleurs est un choix qui n'est pas anodin. Au-delà du problème démocratique que cela pose, on peut aussi s'interroger sur les mesures de cette sélection. En sport, le chronomètre, la cible, le but, la ligne sont autant de juges de paix à l'objectivité sans faille. Mais, comme l'analyse Étienne Klein : « Quand on met 12 à un élève, qu'est-ce que ça veut dire ? Est-ce que c'est un 12 par rapport à la classe ? Est-ce que c'est un 12 par rapport à un barème ? Est-ce que c'est un 12 selon l'idée qu'on se fait du 12 dans la façon de noter les copies ? Ce n'est jamais clair. Moimême, quand je mets un 12 à une copie à Centrale, je ne sais pas très bien pourquoi. Donc réfléchir sur ce que veut dire 12, c'est déjà un travail. Ensuite, une évaluation n'est pas simplement la notation d'une performance, en l'occurrence une copie. C'est aussi des indications. Sur ce que l'élève ou l'étudiant devrait faire pour avoir 13 ou 14 ou 15. C'est un accompagnement, pas un jugement arrêté. Ce n'est pas parce que vous avez 12 que vous "valez" 12. Vous pouvez progresser. »

L'intensification de la sélection pousse à « ontologiser » la note, à en faire la valeur propre à chaque élève. En clair, à figer la nature de l'élève, « bon » ou « mauvais », en fonction de ses résultats, à l'enfermer dans un statut.

Mais cela se double en France d'une fétichisation de son résultat, le diplôme. Ce que démontre Étienne Klein : « On ne dit pas "J'ai un diplôme de l'École centrale" ou "J'ai un diplôme de l'École polytechnique" mais "Je suis centralien", "Je suis polytechnicien." Et personne à l'étranger ne comprend ce que ça veut dire. Un diplômé de Harvard, aux États-Unis, ne dit pas qu'il est harvardien. Il dit : "J'ai un diplôme de Harvard", c'est un moment de ma vie. Ce n'est pas ma définition. En France, on considère qu'un diplôme est une définition de l'individu, qui vaut passeport pour toute sa vie, c'est quand même une forme de naïveté. »

C'est surtout, le signe d'un privilège acquis une fois pour toutes.

Si la compétition peut se révéler un formidable moteur, elle ne peut cependant être un modèle généralisé à l'ensemble des élèves. Car elle institue en permanence une hiérarchie. Pour qu'il y ait de l'excellence, il faut aussi qu'il y ait du moyen, voire du mauvais en dessous.

### « QU'EST-CE QU'ON VA FAIRE DE TOI ? »

Le rôle de l'école n'est pas de s'occuper seulement des bons élèves, mais de tous. Au cours de nos interviews, nous avons rencontré un certain nombre de « cancres », ainsi qu'on les baptise. Yann Ruffieux en a fait partie. « Quand je regardais autour de moi les élèves qui réussissaient, intérieurement je les enviais. J'aurais aimé être comme eux. Parce que la vie a l'air plus facile quand on vous explique une chose et que vous la comprenez tout de suite. J'ai mis un temps fou à comprendre les énoncés. On m'expliquait et je ne comprenais pas. Je ne comprenais pas parce que j'essayais de tourner les choses dans tous les sens. Je me compliquais la vie. Quand on vous pose une question vous y répondez, moi non, je voyais le piège. Je me disais "Qu'est-ce que c'est ? Non, ça peut pas être ça, c'est trop facile." Du coup, je partais dans des trucs incompréhensibles. » Il conserve un souvenir cauchemardesque de ses années d'école et son existence, lorsqu'il nous la raconte, semble bien loin de celle, sympathique et amusée, du cancre de l'imaginaire populaire.

Cette image insouciante, espiègle même, du mauvais élève s'est construite au XIXe siècle et à l'origine ne concernait que les lycéens. Le cancre alors, malgré ses résultats catastrophiques, ne risquait rien. Il faisait partie de la petite élite lycéenne et quelles que soient ses notes, son avenir était déjà assuré. C'est précisément ce que nous explique Thierry Desjardins, le dernier d'une lignée d'élèves du prestigieux lycée Condorcet à Paris. « Il y avait une espèce de snobisme à être un cancre. On était celui que le prof aimait bien tout de même, qui était sans doute très malin, qui réussirait sûrement dans la vie. Ce snobisme a duré très longtemps. J'avais remarqué deux, trois types qui racontaient qu'ils n'avaient pas eu leur bac, ce qui n'était pas vrai, ils avaient fait des doctorats en droit. Voilà le snobisme du cancre : oui, je suis très brillant, je n'ai pas besoin de me fatiguer. C'est pour ça que je vous dis qu'on se battait pour être vraiment le dernier. »

Lorsque l'école de Ferry s'installe, le cancre n'intéresse guère l'institution. Il est celui qui reste au fond de la classe, attendant que le cours se passe. Le plus souvent, l'instituteur ne s'occupe pas de lui. De toute façon peu importe, il finira comme les autres sa scolarité primaire à 14 ans et ira travailler. Ni l'absence de certif ni ses mauvais résultats ne l'empêcheront d'être paysan ou ouvrier comme son père. Tout au plus essuie-t-il quelques moqueries ou railleries des autres enfants ou du maître. Il prendra même un visage sympathique à partir des années 1930, sous l'impulsion notamment des poèmes de Jacques Prévert. Cependant, pour l'Éducation nationale comme pour la société, il disparaît bien vite aux oubliettes.

Mais c'est lorsque l'école s'est faite sélective, avec l'instauration du système scolaire de la V^e^ République, que le cancre a pris un autre visage. D'objet de tendres amusements, il est devenu un problème, pis, le prototype de l'enfant à problèmes, moins intelligent que les autres, une source d'inquiétude pour ses parents. L'acteur et réalisateur Franck Gastambide résume en quelques phrases violentes cette situation: « Qu'est-ce qu'on va faire de lui? J'ai entendu ça toute ma vie. De la part de mes parents, de la part de mes professeurs. Qu'est-ce qu'on va faire de lui? Si un jour j'écris un livre je l'appellerai comme ça. Mes parents n'osaient même plus venir aux réunions parents-profs parce que c'était pour eux un moment de souffrance et d'humiliation. Tous ces mots me terrorisaient: "réunion parents-profs", "carnet de correspondance", "évaluations", "contrôle surprise". Ces trucs me collaient la boule au ventre parce que je savais que j'allais droit vers un nouvel échec, vers un nouveau moment de gêne et de déception pour mes parents. »

Tout au long de l'entretien, les mêmes mots reviennent comme une blessure jamais refermée. «Tu es une déception pour tes parents. Tu n'es plus du tout la priorité de tes professeurs parce qu'ils ont envie de se concentrer sur les élèves qui avancent, qui sont bons, qui sont doués et qui comprennent. Toi, tu ne comprends pas. Quand t'es enfant, qu'est-ce qui rend fiers tes parents ? Tes résultats scolaires. Moi, j'étais en échec, donc, je ressens un manque de reconnaissance terrible. Qui se transforme en manque affectif très fort. »

Le plus célèbre des cancres, l'écrivain Daniel Pennac, qui raconte ses difficultés dans *Chagrin d'école*, dresse à une génération d'écart le même tableau. La question qu'il a entendue le plus souvent est analogue à celle rapportée par Franck Gastambide : «Tu le fais exprès ou quoi ? » Il s'est très vite résolu : « Je n'avais pas de doute et d'angoisse sur quoi que ce soit, je n'avais qu'une certitude, c'était celle de mon idiotie. Je me considérais comme un crétin absolu. Quant à la notion d'avenir, un gosse pareil n'en a pas. Il ne peut pas se projeter. Puisqu'il échoue, il rate tout. En maths, en anglais, en… Bonne note en gym quand il ne déconne pas, mais bon. Cet enfant n'a pas d'avenir, il ne s'imagine pas un avenir. Très longtemps, jusqu'à 19 ans je ne me suis pas imaginé d'avenir. J'entamais ma deuxième terminale après avoir redoublé ma première. Je me suis ainsi trouvé huit fois en position d'examiné au bac, y avait le bac de première en entier à l'époque et celui de terminale, donc écrit, oral de contrôle, échec à l'oral de contrôle, redoublement, écrit, oral de contrôle, terminale. Et rebelote en terminale. Vous êtes tout à fait ravagé. Vous ne savez pas ce que vous allez faire. »

Comme en écho, Franck Gastambide ajoute : « J'ai compris très vite que, OK, Franck, toi t'auras pas de diplôme. Donc tu n'auras pas accès au métier. Parce que ce qui est le plus brutal dans l'échec scolaire, c'est l'impossibilité d'avoir accès à un métier "de qualité". Un métier rémunérateur, rassurant, un peu glorifiant. Problèmes scolaires égale pas de beaux diplômes. Pas de beaux diplômes égale pas de beaux métiers, égale vie parfois difficile. Alors à 20 ans, après avoir enchaîné les petits boulots, je n'ai pas d'autre choix que de me construire mon propre métier. Je décide de créer ma petite entreprise, parce que je me sens malin, dégourdi, vif, mais que sans diplôme tu n'as même pas accès à un entretien. »

Le mépris se combine à l'échec pour donner l'impression que tout avenir est bouché. L'existence du cancre est tout sauf joyeuse et insouciante. Au contraire, la pression des parents peut rendre ses journées des plus pénibles. Yann Ruffieux est envoyé par les siens en pension. « Dans le public on avait peur que je sois déscolarisé. C'est-à-dire que je rate le train en marche, que j'emmagasine trop de lacunes pour réussir à suivre. À l'époque on dit que dans le public il y a trop d'élèves, que les profs s'occupent de ceux qui y arrivent. Les autres, ils les laissent derrière. Du coup, mes parents me mettent à Saint-Charles, où effectivement on ne me lâche pas, mais pas du tout. Et je vais faire ma scolarité avec les mêmes élèves, des enfants comme moi. C'est rassurant. Quand tous les externes s'en vont il est 17 heures, on va en permanence une petite heure. Après, on mange au self, 45 minutes, c'est 18h45, et à 19 heures on retourne à l'étude. Là, une heure et demie pour faire nos devoirs. Une heure et demie avec des aides scolaires, des pions qui viennent nous aider, des gens qui ont des spécialités. Après, on rentre dans notre chambre, on a droit à 45 minutes pour se coucher, je veux dire pour jouer un petit peu, se détendre. Il est 21h30 ou 45 et hop, extinction. Et le matin, on se réveille assez tôt. Après, c'est self direct. Et encore une heure de perm' avant l'école. Là-dessus, on me rajoute une heure de Mme Seguin le samedi matin, l'orthophoniste. Vers la quatrième, je crois, je me prends aussi deux heures de mathématiques le dimanche en cours particulier. Sympa quoi. Donc pour moi, l'école, c'est l'enfer. »

## L'HEURE DU REDOUBLEMENT

Cette école sélective a mis sur les épaules des élèves une pression énorme, au détriment de la qualité de leur instruction. Pour éviter de se voir écarter de la course, de risquer de ne pas aller jusqu'au bout ou de ne pas obtenir les bons diplômes, le redoublement est une solution fréquente – une spécialité française. Avec son lot de souffrance et d'humiliation. Le médecin et homme de télévision Michel Cymes est resté marqué par cette épreuve. Nous voulions qu'il nous parle de ses parents, deux enfants juifs qui ont dû quitter l'école pendant la guerre pour se cacher. L'interview s'est ensuite portée sur sa propre scolarité. « J'ai redoublé ma sixième parce que j'étais mauvais en latin, à l'époque en sixième, le latin était obligatoire. Quand vous voyez à quoi sert le latin aujourd'hui… Ça a été un premier traumatisme parce que je ne suivais pas mes camarades dans la classe supérieure. Je me suis senti ridicule. J'avais 11 ans et je me souviens très bien d'avoir eu honte et d'avoir pleuré de redoubler parce que je laissais mes copains partir. Et quand j'ai redoublé ma 6e, le latin n'est plus devenu obligatoire ! »
Un traumatisme qui se perpétue de génération en génération. René Junior Dumbia, un jeune homme de 21 ans, habitant en Seine-Saint-Denis, n'a pas oublié non plus. Tandis que nous l'interviewons sur son bac pro, il nous parle de son redoublement en primaire. « Je n'ai pas compris

pourquoi j'ai redoublé mon CE1. La professeure disait que je n'avais pas fourni assez de travail par rapport à mes capacités et mes difficultés. Pour moi, ce n'était qu'un prétexte. Je ne comprenais pas la vraie raison. Ce n'était pas comme si elle avait sué corps et âme pour essayer d'y arriver avec moi. C'est blessant et même ça détruit. Certains élèves ont des difficultés, mais les professeurs font de leur mieux pour essayer de combattre ces difficultés. Et puis il y en a qui essayent vite fait. Quand ils n'ont pas la réponse ou qu'ils n'y arrivent pas, ils ne vont pas passer quarante ans dessus, il y a d'autres élèves derrière. Ça allait toujours plus vite avec les autres, ils comprenaient facilement, même s'ils faisaient peut-être des petites erreurs. Moi, j'étais un peu largué, je ne comprenais pas pourquoi on passait énormément de temps avec ces élèves-ci, et pas avec moi, je ne comprenais pas pourquoi on n'avait pas tous le même traitement. »

Lors de son redoublement, René Junior Dumbia n'ose même pas donner son bulletin à ses parents. « Je suis rentré chez moi la fleur au fusil, en disant : “Je ne sais pas où est le bulletin, mais par contre on m'a dit que je redoublais !” Mes parents étaient très surpris de voir qu'on m'annonçait que je redoublais, sans le bulletin qui allait avec. J'ai vu un peu de déception dans les yeux de ma mère, je ne sais pas à quoi elle s'attendait, peut-être à ce que je réussisse… J'étais triste de voir mes amis passer en classe supérieure et moi non. Je pensais que c'était une punition. Je ne comprenais pas le pourquoi, j'ai toujours essayé de savoir le pourquoi. Aujourd'hui je le sais, j'ai pu faire un travail dessus et l'accepter. Tardivement, mais je l'ai accepté. »

Il n'empêche, l'humiliation reste profonde. « J'avais extrêmement honte, je n'osais pas me regarder, ni l'exprimer. Avec mes amis, dans la cour de récréation, on savait très bien qu'une barrière s'était créée entre la classe supérieure et le mec qui a redoublé. C'était très frustrant parce que je restais en retrait ; on n'avait plus la même complicité. On ne nous expliquait pas que si on faisait redoubler ce n'était pas parce qu'on était nul, comme je le pensais, ou qu'on ne valait rien du tout. C'était juste parce qu'on avait des difficultés et qu'il nous fallait plus de temps pour atteindre un nouveau cap. On a toujours vu le fait de redoubler comme un échec. Du coup, ça m'avait démotivé, démoralisé… Ah j'étais vraiment dans le mal. »

Dans les années 60, quand tous les élèves accèdent au collège, la moitié des enfants doit redoubler au moins une classe en primaire pour acquérir les bases nécessaires.

Le problème fondamental à cette époque est que ce primaire a changé de fonction avec la généralisation du collège pour tous, à partir des années 1960. Jusqu'alors, c'était la seule école par laquelle passaient les enfants du peuple. Les instituteurs avaient pour mission de leur donner une formation pour toute la vie. Avec la réforme de 1959, le primaire est désormais la première étape d'un parcours scolaire qui mène au secondaire. Mais ni les méthodes ni la philosophie n'ont véritablement changé pour préparer les enfants à cette scolarité plus longue, plus exigeante aussi. Au contraire, le temps d'enseignement en primaire n'a cessé de se réduire. Plus d'école le samedi après-midi depuis 1969 et réduction à quatre jours. Comme le dit l'ancien inspecteur d'académie Jean-Paul Delahaye : « Si j'ai pu entrer au collège dans de bonnes conditions, en étant boursier interne, donc totalement pris en charge vu que ma mère n'aurait pas eu la possibilité de me payer ces études, c'est que ma scolarité élémentaire s'est effectuée de bonne manière. Je vais vous donner au moins une raison pour laquelle un enfant du peuple pouvait accéder à l'enseignement secondaire dans de bonnes conditions. C'est qu'à l'école élémentaire, nous avions trente heures de cours par semaine. On était en classe le lundi, le mardi, le mercredi – à l'époque c'est le jeudi qu'il n'y avait pas classe –, le vendredi et tout le samedi. Trente heures pendant lesquelles les enseignants avaient la possibilité de couvrir l'ensemble du champ des connaissances et de varier les exercices. On faisait de tout. On faisait des arts plastiques, du sport… Le samedi, c'était la grande après-midi de plein air. On faisait de la musique grâce à la radio scolaire dans la semaine, à heures fixes, on arrêtait tout à l'heure de la radio scolaire. Les bases acquises étaient suffisamment solides pour faire une scolarité correcte au collège. »

## LE BAC POUR TOUS

Alors le niveau est-il plus faible qu'hier comme le veut le discours ambiant ? La question est pour le moins paradoxale : aujourd'hui plus de 80 % d'une classe d'âge a son baccalauréat contre 35 % jusque dans les années 1980. Certes ce sont surtout les bacs technologiques et professionnels, créés en 1985, qui ont augmenté. Le pourcentage de bac général n'a connu qu'une légère hausse. Nombreux sont les critiques qui parlent d'un bac au rabais. Il n'empêche, l'allongement de la durée des études qui fait que la plupart des adolescents poursuivent leur scolarité au-delà de 16 ans, et l'extension du niveau scolaire jusqu'à la fin du secondaire ont contribué à une croissance certaine du niveau. En termes de connaissances comme de savoir. Tous les jeunes que nous avons rencontrés qui ont leur bac, qu'il soit général, technique ou pro, éprouvent la même fierté. La plus belle histoire est sans doute celle de René Dumbia. Nous l'avions laissé redoublant son CE1. Quelques années plus tard, le voici au lycée. « Les professeurs et les CPE savaient que j'avais énormément de potentiel, pourtant ils ont vite compris que je n'aimais pas l'école et que je voulais en finir. Mais ils ne m'ont pas laissé partir comme ça et m'ont dit : "René Junior, ce n'est pas comme ça la vie, il faut que tu te battes un peu. On sait très bien que tu es capable de faire un bac. On m'a proposé un bac ST2S [sciences et technologies de la santé et du social]. On m'a dit : "C'est très facile, essaye, tu verras." Dans ma tête, j'étais heureux parce qu'il y avait l'alignement divin : on me propose un bac facile, je finis vite et voilà, fin. En fait non, rien n'est facile dans la vie. Je me suis retrouvé à faire un bac ST2S, c'était dur. Je n'étais pas prêt à ça. On faisait de la biologie, du sanitaire social, beaucoup de physique-chimie. »

L'expérience a marqué René : « Préparer le bac, c'était un calvaire positif. Pourquoi ? Parce qu'aimer souffrir, ce n'est pas dans les codes d'aujourd'hui. D'habitude, quand c'est dur, on arrête ou on essaie quelque chose de plus facile. Mais pas là. C'était dur et j'ai beaucoup galéré, j'ai lutté. C'est surprenant mais j'aimais bien… Je continuais, même si je savais que j'allais me vautrer à un moment, parce qu'au final j'aimais bien et je comprenais. J'avais une bande de camarades super sympas. On s'entraidait. Je me suis battu, et les profs aussi se sont battus pour nous. Que ce soit dans nos projets ou dans le travail, tout le monde s'est investi et la notion d'entraide est revenue du début à la fin de cette filière. On a tout donné. Arrivé en terminale, je me suis dit : "là, genre c'est finish quoi. Donc pas trop envie de redoubler, on va se donner à fond." J'ai fait du mieux que j'ai pu et j'ai essayé de gratter des points partout. Bac de français, j'ai gratté des points d'avance. Championnat de France de rugby, catégorie Excellence, j'ai gratté des points d'avance. Au total, j'en ai eu 36. En plus avec mon bac de danse, j'ai eu je crois 17 et 20. Vraiment, j'ai commencé à me dire que c'était faisable. Avec 36 points d'avance… Je n'avais jamais été en avance quelque part ! Ça me motivait encore plus à réussir. Cette détermination et cette énergie n'avaient jamais été aussi présentes. Je me suis souvenu de l'infirmière de mon ancien lycée qui avait dit, en voyant ma moyenne en mathématiques, qui n'était pas fameuse, que je n'allais jamais réussir. Je lui avais répondu qu'avec de la volonté et de l'envie, on pouvait faire quelque chose. Elle m'avait rigolé au nez : "Ah ah ! Avec ta volonté et ton envie t'iras nulle part." J'avais répondu : "Je vais vous prouver qu'avec de la volonté et de l'envie, on peut faire de grandes choses." Elle avait continué : "J'espère bien voir ça" en se moquant. Et du coup, taquin que je suis, j'étais entré dans son jeu. "Si je vous montre, qu'est-ce qui va se passer ?" Elle n'avait plus su quoi me répondre. Elle a commencé à jouer la carte de "attention, je suis une adulte, vous n'avez pas à me parler comme ça". Du coup, j'avais joué la carte "adulte ou pas, je m'en fous". Le respect c'est valable dans les deux sens. Alors je me suis rappelé ça. J'ai aussi repensé à toutes les personnes qui ont dit que je n'allais pas arriver à ce stade. Tout ce trajet que j'avais fait en solitaire, puis avec les autres… Jamais j'aurais réussi tout seul. Franchement on a de la chance d'avoir l'école. Le jour des résultats du bac, les portes s'ouvrent et tout le monde court. Mais moi, j'y vais de façon sereine parce que je me dis franchement, avec les points d'avance et comment je me suis donné, comment j'ai révisé, ça va le faire. Mais je ne suis pas dans les admis, je ne suis pas dans les recalés. Je suis sur la liste de rattrapage. J'étais surpris car mes points d'avance s'étaient volatilisés. »

René Junior s'aperçoit que l'administration ne les a pas comptabilisés.

« J'ai interpellé le directeur de l'école en allant récupérer mes résultats. "J'avais des points d'avance, ils n'ont pas été pris en compte." Il était super surpris et il m'a dit : "On va faire une recherche, pour comprendre pourquoi". J'ai aussi fait des recherches de mon côté. Je suis allé dans mon ancien lycée. Je leur ai expliqué la situation. J'ai appelé le conseil régional pour essayer d'avoir des informations, l'Éducation nationale et je ne me souviens plus pourquoi, le département et même le rectorat. Rien du tout. Pour eux, c'est le début du week-end, ils sont déjà partis. »

Mais René ne baisse pas les bras. « J'ai révisé, révisé. Le jour du rattrapage, j'ai choisi biologie et ST2S. Mes deux matières principales. Au final je me suis retrouvé avec une note au-dessus de ma moyenne habituelle. J'ai eu mon bac. Pourtant j'étais extrêmement déçu parce que si j'avais eu mes points d'avance, je pense que j'aurais pu gratter une mention assez bien. J'ai appris par la suite que c'est l'école dans laquelle on passe nos examens qui doit vous mettre les points d'avance. J'ai été faire un tour à mon ancien lycée. En chemin je me disais, mon proviseur vient d'un gros lycée, avec un taux de réussite assez élevé, il connaît un peu les modalités. Je lui

avais rebattu les oreilles avec “Faut pas oublier que j’ai des points d’avance.” J’étais tellement fier. Je suis allé le voir. Il n’était pas là. J’ai réussi à avoir le numéro de portable de son adjoint. Je lui ai envoyé un sms mais il m’a dit : “Vous n’avez pas le droit de m’envoyer un message ici, c’est mon téléphone personnel.” Je lui ai répondu : “Et pour les points d’avance, on en discute quand ?” Plus de nouvelles. J’étais extrêmement déçu, mais fier quand même d’avoir mon bac. Mais ce n’était pas la grande fierté à laquelle je rêvais, parce que je ne l’ai pas eu comme je voulais. À la remise du bac au lycée Angela-Davis à La-Plaine Saint-Denis, j’ai retrouvé toutes mes camarades. On s’est amusé, on a rigolé, on a fait des photos, c’était cool. On a eu le meilleur taux de réussite de la région et du département en ST2S. J’ai recroisé le proviseur et on a discuté. Je lui dis que j’avais appris qu’il aurait dû mettre mes points d’avance. Il m’a dit : “Ah bon ? Ben oh, ce n’est pas grave, écoute, on n’était pas trop au courant de la procédure.” Dans ma tête, je me suis dit, il est en train de me jouer de la flûte, là. Même aux portes de la fin, on ne voulait pas que j’en finisse. »
Mais cela n’a pas empêché René de continuer sa scolarité. Il s’est inscrit à l’université. « Pour la première fois de ma vie je vais en cours en étant pressé d’être au lendemain pour repartir en cours. Alors qu’on m’a toujours dit que la fac, c’est assez difficile, c’est un travail individuel. Il n’y aura personne pour te dire fais ci, fais ça. Non,

c'est vraiment toi. Et je gère super bien. Je fais partie des rares personnes dans ma famille à avoir un baccalauréat et à faire des études supérieures. Pour moi, c'est une grande fierté. »

Chapitre 3

# UNE ÉCOLE DE LA PROMOTION SOCIALE

« On nous avait dit : "Si tu travailles bien à l'école, tu auras un bon travail." Moi j'étais instit, c'était un travail modeste, mais un travail. Donc ça a marché. À l'école, je fais ce qu'on me demande, je subis le rite, je passe, etc. À la limite, on me tape dessus pour que j'y arrive. Mais j'y arrive. Alors on ne critique pas l'école puisque tout compte fait, l'intégration économique fonctionne. »

L'ancien instituteur ariégeois, Guy Cirla, résume la croyance de nos grands-parents et parents en la vertu de l'école. La promesse d'un beau métier et d'une ascension sociale. Il suffirait de bien travailler à l'école et l'on ferait son chemin dans la vie…

## L'ÂGE D'OR DES TRENTE GLORIEUSES

Cette idée aujourd'hui encore profondément ancrée dans l'esprit des Français est assez récente. En effet, lorsque Jules

Ferry fonde l'école laïque, gratuite et obligatoire, en 1881-1882, elle n'est nullement répandue parmi la population. L'idée que l'école puisse servir à une quelconque amélioration de son statut est tout à fait marginale. L'ascenseur social ne concerne que quelques individus. Ceux qui, grâce à leurs résultats, parviennent à passer le concours de l'école normale et à devenir instituteurs. En cette fin du XIXe siècle, pour les fils et filles de paysans, réussir à décrocher le diplôme et s'engager comme maître d'école constitue une vraie promotion. D'abord parce que les études sont payées, dès l'entrée à l'école normale, à quinze ans. Ensuite parce que même si les enfants sont difficiles, même si le curé et les parents, en particulier en terre catholique, se montrent hostiles, la condition d'instituteur est moins difficile que celle d'agriculteur. C'est celle d'avoir « les mains blanches » comme disent les paysans. Bien que le salaire ne soit guère plus élevé que celui d'un ouvrier, le prestige du métier fait du maître d'école un notable du village comme le maire ou l'homme d'église. Par la suite, d'autres concours de l'État offrent la même possibilité de faire des études payées (poste, administration) et de devenir fonctionnaire.

Mais mis à part ces quelques possibilités, l'ascension sociale ne passe pas par l'école et les enfants n'y vont pas dans cet espoir.

Il faut attendre les années 1950 et le début des Trente Glorieuses pour que cette idée s'installe. La réforme de De Gaulle en 1959 permet à tous les enfants d'entrer au collège. Un collège divisé en filières. Dès la 6e, les élèves sont dirigés vers un enseignement général ou technique. L'Éducation nationale tente de drainer les flux d'écoliers en fonction des besoins de l'économie.

Les Français adhèrent avec enthousiasme à cette nouvelle école. Un boom économique jamais vu, les Trente Glorieuses promettent à chacun progrès et promotion. Les parents commencent à dire à leurs enfants « si tu travailles bien à l'école, tu auras un bon métier ». Pour les centaines de milliers d'immigrés que la France a fait venir, c'est même le rêve principal. Yamina Benchenni se souvient de la fierté de son père. « On était tous rassemblés dans le hall de l'école pour la distribution des prix. Il y avait une petite scénette sur laquelle se trouvait la directrice avec deux personnes. On était très disciplinés parce qu'il fallait écouter. Elle appelait les noms par ordre alphabétique. Tout d'un coup j'entends mon nom. Yamina Benchenni. C'était un prix avec trois lauréats. Moi, j'étais un peu intimidée. Yamina Benchenni ? Elle m'appelle une deuxième fois. Il fallait que je sorte du groupe, que je m'avance devant la directrice. Elle m'a remerciée en me disant que j'avais très bien travaillé et que j'étais une fille assidue. Je n'ai pas forcément compris le mot à cette époque-là. Je savais juste que c'était bien. Mon père disait : "Ma fille, elle est dégourdie, elle a eu un livre, ils l'ont récompensée à l'école. Tu peux donner ta lettre à Yamina, elle va te la lire, elle ne va pas se tromper." Donc j'ai commencé à lire, et puis à écrire pour les voisins. Mon père me disait : "Tu fais ça pour untel, tu fais ça pour untel." L'école, c'était l'outil pour s'en sortir. Pour s'élever dans la cité. C'était un honneur pour mes parents. Ma mère me disait : "Apprends, l'école te donne les moyens de travailler. Tu passeras le permis. Tu auras ta voiture. Tu seras vraiment une femme indépendante." »

Pour les immigrés comme pour les Français, s'impose la même certitude de l'ascenseur social grâce à l'école. Rien ne semble impossible à condition de travailler. Michel Cymes revient sur son parcours : « Pour être très honnête avec vous, j'ai choisi de faire médecine, un, parce que j'adorais les sciences nat' et que le corps humain me passionnait. Deux, pour le statut. Je savais aussi que ça ferait plaisir à mes parents. Ça n'a pas été une vocation. Je me souviens m'être dit, chirurgien ça fait bien. Ce qui est terrible. Je vous dis ça avec le recul parce que j'ai adoré mon métier, que j'ai bossé comme un dingue pour être chirurgien, mais ce petit statut me plaisait. Je sais que quand je l'ai annoncé à mes parents, ils étaient encore un peu plus fiers de leur fils. »

Durant les trente ans de cette période de croissance et de plein emploi, le lien entre l'école et la qualité du futur métier a fonctionné, du moins comme motivation. Le rôle de l'école paraissait alors évident : avoir un travail à la hauteur de ses résultats scolaires.

Les études se présentaient d'autant plus comme une voie possible que la pression de les réussir n'était pas forcément forte. Même si on ratait sa scolarité, on ne restait pas sur le bord de la route. On était sûr de toute façon d'avoir un travail. C'est l'histoire des parents de Philippe Conticini : « À leur mariage, mes parents n'avaient rien : une boîte de petits pois, une boîte de sardines. Ils étaient très pauvres. Mon père a commencé comme plongeur dans un restaurant. Mais on peut changer sa situation. Mes parents, eux, l'ont changée. Ils n'avaient rien du tout, puis ils ont réussi à gagner de l'argent, à avoir un bel appartement. Ils nous ont prouvé qu'on pouvait réussir sans aller à l'école ou en y allant très, très peu. Par contre, il n'y a pas de secret. Il faut travailler. Et ils ont travaillé comme des fous. Comme des tapés. Ils travaillaient tout le temps. Ils ne se reposaient que le dimanche soir. »

L'école semble le moyen le plus sûr, le mieux tracé, de promotion – même si, pour l'ensemble de la population l'ascenseur social a été relatif, limité.

Cela touche tous les secteurs scolaires, y compris l'enseignement professionnel.

## À L'ÉCOLE DU PATRON

Une des particularités historiques de la France, c'est que le technique et le professionnel ne se sont constitués qu'autour des formations d'ingénieurs et de techniciens. Dès le XVIII^e^ siècle, les Ponts-et-Chaussées par exemple préparent des élèves des classes supérieures à leur futur métier. Avec l'avènement de la société industrielle, les dirigeants français sont persuadés que former des ouvriers est inutile : ceux-ci ne sont que des bras, ils n'ont à vendre que leur force de travail. Ni l'État ni les patrons ne poussent à créer des écoles professionnelles. Le premier parce qu'il n'en voit pas l'utilité, les seconds parce qu'ils craignent qu'une fois formée la main-d'œuvre, en quête d'un meilleur salaire, ne passe à la concurrence. Un certificat d'aptitude professionnel, le fameux CAP, est bien instauré au début du xxe siècle, et même une taxe d'apprentissage dans les années 1920, mais les initiatives pour développer le professionnel ne sont guère nombreuses.

Peu à peu cependant, le manque d'ouvriers qualifiés se fait sentir. Ainsi lors de la crise des années 1930, la reprise est retardée, faute de salariés compétents. Le programme de réarmement face à la menace de la guerre avec l'Allemagne nazie peine à trouver les ouvriers formés pour monter des moteurs d'avion ou des chars... Vichy marquera une étape moins par souci économique que pour éviter de laisser dans la nature des milliers de jeunes désœuvrés au lendemain de la défaite. Les centres d'apprentissage se développent et rencontrent un succès aussi rapide qu'important. L'enseignement professionnel devient une affaire d'État. À la Libération, le mouvement s'amplifie. Dans le milieu ouvrier, ça devient une priorité d'envoyer ses enfants se former pour qu'ils puissent accéder à de meilleurs postes, sans rompre pour autant avec leur classe.

De leur côté, certaines grandes entreprises publiques ou privées ont compris l'intérêt de former leurs propres employés. C'est l'aventure qui est arrivée au tout début des années 1960 à Louis Ridolfi. Aîné d'une famille nombreuse d'origine italienne, il entre à l'école d'apprentissage créée par De Wendel en Lorraine.

« J'ai 14 ans, je décide d'aller à la mine. J'aurais pu aller ailleurs, mais mon père n'avait pas les moyens. C'est comme ça que j'ai fait mon parcours d'électromécanicien pendant quatre ans au centre d'apprentissage de De Wendel. Après, je suis parti bosser au fond de la mine. » Il nous décrit son arrivée. « Le premier jour, quand on est entrés à l'école d'apprentissage, on a été obligés de passer un examen, noté, bien sûr. Les trente meilleurs choisissaient le métier qu'ils voulaient. Donc, électromécanicien ou dessinateur. Après, plutôt ajusteur – parce qu'on avait besoin d'ajusteurs –, puis tourneur-fraiseur. Enfin maçon et menuisier. J'ai terminé cinquième à l'examen. J'avais le choix des armes. Au départ, sincèrement, je voulais faire dessinateur industriel. Ça me paraissait un peu plus noble. Mais dans les mines on n'avait pas besoin d'un dessinateur industriel, donc je me suis rabattu sur électromécanicien. Et puis j'ai fait mon cursus. »

Louis Ridolfi nous détaille le programme de cette école. « La première année, on faisait un peu de tout. Un mois, électricien. Un mois, ajusteur. Un mois, tourneur-fraiseur et on a, tout doucement, appris pratiquement tous les corps de métier. Après j'ai fait vraiment mon métier d'électromécanicien, des schémas, des câblages, tout ce qui a trait à l'électricité et aux moteurs. Parce qu'au fond de la mine, en principe, quand un moteur est HS, il faut savoir s'il est vraiment HS, et aussi savoir le remplacer, et faire du rembobinage. »

L'enseignement spécifique de l'école est couplé avec celui de l'Éducation nationale, en particulier, les apprentis doivent passer leur CAP. « Les matières qu'on apprenait au centre d'apprentissage étaient exactement les mêmes que dans un collège nationalisé. J'étais obligé de connaître la technologie, plus tout qu'il faut pour un CAP. Français, maths, géographie, enfin il y a de tout, technologie, technologie électrique. On apprenait également à travailler sur des moteurs, à faire des bobines. Tout était relié à la mine ou à l'usine. On en faisait peut-être même plus que dans le national. Parce que des choses comme rembobiner, par exemple, eux, ils ne les faisaient pas. Chez De Wendel, ils ne nous faisaient pas de cadeaux. Si on n'avait pas notre CAP, ils nous mettaient dehors. Il fallait à tout prix l'avoir, autrement on allait à l'usine. On préférait aller travailler à la mine, on était tous fils de mineurs. À partir de 16 ans, les gens de l'usine avaient les vacances normales comme tout le monde, et nous, enfants de mineurs, on n'avait que quatre semaines. On travaillait dans les ateliers de la mine.

Au jour bien sûr, puisqu'on n'avait pas le droit d'aller au fond. On apprenait déjà le métier. »

Louis Ridolfi n'est pas dupe de l'intérêt de De Wendel à posséder une telle école. « De Wendel, il n'était pas fou. Il pouvait nous former comme il avait envie. Si on était directement dans un truc d'État, il ne pouvait pas faire exactement comme il l'entendait. Il formait son personnel, il savait sur qui compter. Puisqu'on n'a pas la même mentalité après. On a une mentalité usine, une mentalité mine, et on la garde. C'est pour ça qu'il a fait un centre d'apprentissage tout neuf, pour nous. Rendez-vous compte. Ça a duré seulement une trentaine d'années, pas plus. »

Mais aussitôt l'ancien mineur nous fait comprendre l'intérêt que les jeunes de milieux modestes comme lui trouvaient à cette école. « On était payés. Comme un ouvrier. Mais pas aussi important qu'un ouvrier. À l'époque, ils nous donnaient 50 francs, on était contents nous avec 50 francs. La deuxième année, on était encore plus payés. On avait 200 francs. Ceux de l'usine n'avaient rien, à cause des vacances, que nous, les gars de la mine, n'avions pas. La troisième année, on avait 410 francs. 410 francs, c'était presque le salaire d'un technicien, d'un électricien ou d'un mécanicien de l'usine, d'un monsieur qui avait déjà trente ans de métier. Ça m'a permis de faire des petites sorties, aller danser le samedi soir par exemple. »

L'école finie, il entre à la mine : « J'avais dit à mon père de me trouver un casier à côté de lui ou en face, et j'ai eu le bonheur qu'il s'arrange avec un autre type. Tous les jours, je me changeais à côté de lui. On n'était pas sur le même poste donc quand lui rentrait, il se déshabillait, quand moi j'arrivais, je me rhabillais. Mais c'était fantastique, tous les jours, on se croisait. Il était très fier quand il me voyait arriver sale comme un peigne. Parce que nous, les électriciens, les mécanos, on avait les mains très grasses et ce n'était pas simple de les ravoir. »

Quelques années plus tôt, en 1956, Jean-Claude Mille a connu un parcours similaire. Originaire du Nord et issu d'un milieu modeste, il entre à 15 ans par un concours très sélectif dans une école d'apprentissage de la SNCF. Cette solution, comme il le dit lui-même, était « une voie royale puisque elle offrait la gratuité des formations et un avenir quasiment assuré car un métier m'attendait à la sortie, pérenne puisqu'on embauchait, si tout se passait bien, jusqu'à la retraite. » Il se souvient encore de ce concours avec huit cents candidats pour trente places : « J'avais une certaine pression. Pour m'en sortir, je n'avais pas le droit à l'échec. Mais il n'y a pas eu d'échec, ça s'est bien passé, pour le plus grand bonheur de mes parents. Le concours n'était pas suffisant. Après une première sélection par le biais des connaissances générales, français, maths, il y avait d'autres critères qui entraient en ligne de compte pour l'admission. C'étaient l'examen psycho, puis la visite médicale, assez rigoureuse, notamment sur le plan de l'audition et de la vue. Parce que travailler sur des panneaux de signalisation ou avec des câbles multicolores, si on ne voit pas les couleurs, ça peut être gênant. Et si on n'entend pas les trains arriver, c'est encore plus gênant. »

Les bénéfices de cette admission sont nombreux pour Jean-Claude Mille : « L'entrée à l'école SNCF avait un avantage énorme : un contrat d'apprentissage pour trois ans qui permettait d'avoir un salaire. Bon, salaire minime, mais qui couvrait tous les frais, de formation, d'hébergement et même quelquefois d'achat des outillages. Il nous restait même un peu d'argent en poche, peut-être pas la première année, mais dès la deuxième. En plus, ça ne coûtait rien aux parents, qui continuaient de bénéficier des allocations familiales. »

Cette école forme à une véritable culture d'entreprise. « Il y avait le couvre-feu à 22 heures et le lever à 6h30, avec la sonnerie. On avait la chance d'avoir un encadrement quasiment que pour nous. L'équipe encadrante était du métier : la plupart des formateurs étaient d'anciens apprentis eux-mêmes qui venaient passer quelques années à l'école pour nous dispenser leur savoir. Nous étions cinq par chambre. Là s'est constitué un premier noyau. Ce petit noyau, comme nous étions des gens du même milieu social et préparés au même métier, est rapidement devenu le noyau englobant toute la promotion. On a vite développé un esprit de promotion, qui perdure soixante ans après ! On est toujours en contact au moment des vœux, des rencontres annuelles. Ce qui nous motivait, c'était réussir. Ça aurait été dommage de rentrer dans une école avec un tel contrat et de se planter. »

L'école sait faire tout ce qu'il faut pour motiver ses apprentis. « Dès les premiers mois il fallait avoir les meilleures notes possibles. Ensuite il y avait des examens semestriels qui reprenaient des épreuves sur l'ensemble de la formation dispensée, et qui se moyennaient avec les notes cumulées au cours du semestre, et selon les moyennes que vous obteniez, il y avait des gratifications semestrielles sur votre salaire. Derrière ces gratifications, il y avait un ajustement des salaires. Tout ça conditionnait au terme des trois ans notre qualification de sortie. Ça conditionnait aussi quelquefois notre affectation dans les régions. Ensuite, outre la gratification, les notes jouaient sur le salaire. Au terme des trois années, il pouvait y avoir entre le meilleur et le moins bon une variation de salaire jusqu'à 30 % environ. C'était relativement important sur des petits salaires d'apprentis. À cela s'ajoutait un certain challenge parce que, dans le hall d'entrée, il y avait un grand tableau. Nous avions tous une fiche avec nos moyennes théoriques, pratiques et valeurs morales. Chaque semestre, il y avait un petit pion, vert ou rouge en fonction des moyennes. Quand on regardait ce graphique et qu'on n'avait que du vert, ça mettait du baume au cœur. Quand la couleur était différente, ça nous permettait de nous mettre au boulot et d'améliorer les choses. »

Nous lui demandons ce que recouvrait la notion de valeurs morales. « C'est un ensemble de critères, nous explique-t-il.

D'abord, le sérieux au travail, la camaraderie, la motivation et le comportement en formation, mais aussi en dehors. Cette note de valeurs morales était donnée par l'ensemble de l'équipe pédagogique, c'est-à-dire les formateurs, bien sûr, mais aussi les surveillants. Tout le monde contribuait à l'évaluation de cette note. Si on se comportait mal, si nos valeurs morales tombaient, ça pouvait aller jusqu'à l'exclusion à la fin de l'apprentissage. Ne pas être admis à la SNCF. Fort heureusement, les cas ont été rarissimes. »

Jean-Claude Mille est toujours émerveillé du parcours réalisé grâce à cette école : « Le rapport qui s'est créé avec la SNCF était assez particulier, mais très riche parce qu'honnêtement, je fais partie de ceux qui doivent tout à l'entreprise. Elle m'a accepté. Elle m'a formé. Elle m'a aidé à m'élever dans l'échelon social. On doit tout à la SNCF, mais elle y a trouvé son compte. L'encadrement qu'elle s'est donné était issu de ce milieu dans notre filière. Autrement dit, les chefs d'entretien, les chefs de circonscription SES, tous ces dirigeants, ces cadres, dont beaucoup étaient issus de la formation de l'apprentissage, c'était une compétence extraordinaire pour l'entreprise. Il y avait un esprit d'entreprise. Nos dirigeants avaient à peine levé le petit doigt qu'on était là pour assurer les mises en service, pour travailler de jour, de nuit, autant qu'il le fallait. On était des cheminots avec un grand C. On était dévoués au chemin de fer, on travaillait pour le chemin de fer, on construisait le chemin de fer… Beaucoup d'anciens apprentis ont contribué, à travers des missions de chef de projet ou de dirigeant, à faire évoluer l'entreprise. »

Car la SNCF offre non seulement des études payées mais aussi des perspectives importantes de promotion sociale. « Rapidement, il y avait les concours d'accès à la maîtrise. Pour ça, il y avait également des écoles. Une école, notamment de promotion professionnelle du second degré, qui est située à Nanterre. On entrait sur examen. On y passait un an, encore une fois en internat, mais à 25 ans cette fois-ci. C'était extraordinaire parce qu'en partant de la base, on se retrouvait agent de maîtrise quelques années après, avec un accès possible à l'encadrement. Sur une promotion comme la mienne, 80 à 90 % ont fini agents de maîtrise ou cadres. 2 à 2,5 % finissaient cadres supérieurs, moyennant d'autres écoles, d'autres études puisque derrière, on pouvait accéder aussi aux grandes écoles d'ingénieurs, ce qui est arrivé à quelques-uns d'entre nous. »

## LES EFFETS DE LA CRISE

Tout change avec la crise économique de 1973, au lendemain du premier choc pétrolier. En quelques années, elle entraîne le déclin des activités industrielles traditionnelles comme la mine, la sidérurgie ou le textile, et ces écoles disparaissent. À la SNCF, la formation et ce que Jean-Claude Mille appelle « la fonction sociale de l'entreprise » se réduit

à la portion congrue. C'est toute une série de débouchés pour les enfants de la classe ouvrière qui se ferme.
La récession marque aussi la fin de la plupart des études payées, qui offraient des opportunités importantes aux élèves issus de milieux modestes. Ainsi en 1977, c'en est fini du concours d'entrée à l'école normale à l'issue de la 3e. Le recrutement se fait maintenant après le bac. Plus question de le préparer tout en étant payé comme c'était le cas pour des générations d'instituteurs. Aujourd'hui, les « fonctionnaires stagiaires », donc rémunérés, concernent les grandes écoles comme Polytechnique ou Normale Sup, les futurs enseignants des INSPE n'ont une paye que la dernière année. La formation des élites est privilégiée sur celle des classes populaires.
Mais il y a plus grave. Avec la crise, le lien entre école et métier se brouille, comme nous l'explique l'ancien instituteur ariégeois Guy Cirla : « Il y a eu une mutation importante qui n'est pas liée à l'école, mais au contexte économique. On a eu le choc pétrolier et le choc du chômage. Ce n'est pas l'école qui a fait l'intégration économique, elle se faisait de toute façon. Tandis que là, on ne peut plus dire : "travaille bien à l'école, tu auras un boulot". Parce que le boulot, il n'existe pas. Donc aujourd'hui les gamins se demandent pourquoi aller à l'école, alors que ce qu'elle prétend m'apporter, elle ne me l'apportera pas. Comment les enfants peuvent-ils s'investir dans quelque chose dont ils ne voient pas l'intérêt ? »

Si bien travailler à l'école n'offre plus l'assurance d'un bon métier, si même elle ne permet plus d'espérer un travail, alors qu'en est-il du sens de l'école tel que les Trente Glorieuses l'ont imprimé dans les têtes ?

Une chose nous a beaucoup frappés en écoutant nos témoins qui ont grandi avec cette école-là, après l'arrivée de la crise : la difficulté à savoir ce qu'ils faisaient au collège. C'est ce que l'on décèle à travers la description que nous fait Sophie-Marie Larrouy, une Vosgienne d'une trentaine d'années qui est devenue journaliste et comédienne. « J'aimais l'école en primaire, parce qu'on s'occupait de nous, qu'on était gentils avec nous, tandis qu'au collège j'avais l'impression qu'on nous engueulait de facto, et qu'il fallait se dépêcher. Je trouvais ça un peu fort de café. "J'ai rien fait de mal, pas la peine de me hurler dessus." J'avais envie de dire : "Occupez-vous de nous et soyez gentils avec nous et on sera gentils avec vous". Je n'aime pas qu'on me crie dessus pour rien. En plus, c'est sympa de vouloir nous apprendre des trucs, mais si vous voyez que ça ne rentre pas… Peut-être que l'enfer ce n'est pas toujours les autres, non ? C'est peut-être qu'il y a un problème de méthode. Au collège mes profs voyaient que j'étais forte en langues et que j'avais une manière de parler assez cohérente, mais ils discernaient aussi que j'avais du mal à accepter qu'ils me disent quoi faire. Au début, quelques-uns ont essayé de me suivre, un peu comme Pascal, le grand frère, cette fameuse émission où les jeunes se font hurler dessus. Comme si l'autorité était une façon de régler tous les conflits. Alors que non, jamais. À part si tu es terrorisé par un adulte, tu ne vas pas faire ce qu'il dit s'il te hurle à trois centimètres du visage. »

À travers son témoignage, on devine le malaise à la fois des élèves et des enseignants. Le collège devient le lieu de toutes les incertitudes. Les seuls souvenirs marquants sont ceux d'une profonde incompréhension. « Ce qui me motivait pour aller à l'école, c'était les copains. C'est toujours la même histoire. J'étais motivée par les matières sur lesquelles les profs arrivaient à me motiver. Mais j'étais vraiment dégoûtée de devoir suivre les matières qui ne m'intéressaient pas et où je ne comprenais rien. Je pensais : "ça ne me concerne pas, ce que vous êtes en train de raconter, je m'en fous". Comme si on avait mis une cassette à l'envers. C'était du charabia. Si on m'avait expliqué différemment, j'aurais certainement compris. Mais là, on ne pouvait pas s'entendre. C'est comme si je me mettais à la colle avec quelqu'un qui aime la philatélie et dort quatre jours d'affilée sans se changer ni prendre de douche. Ça n'est pas mon brief, donc je ne vais pas insister. C'était le cas avec la physique, par exemple. Ou les maths. J'avais fait la paix avec l'idée que ce n'était pas ma faute et que je n'étais pas moins intelligente. Juste, je ne comprenais pas les explications qu'on me donnait. »

## « JE PASSAIS MON TEMPS À CHERCHER MA PLACE »

Comme Sophie-Marie, la fille de Yamina Benchenni, Sarah Godard, une jeune trentenaire, garde un souvenir difficile de ses années au collège. Chez elle, l'utilité et le sens des études lui semblent si incompréhensibles qu'elle les ressent comme une agression. « Les profs étaient très jeunes. Ils étaient aussi violents que ce qu'ils recevaient. "Ferme ta gueule !" Je ne veux pas les condamner, mais franchement, un peu, ça fait du bien quand même, on ne va pas se mentir. J'ai l'impression qu'ils nous rappelaient tout le temps : "quand on veut, on peut, quand on veut, on peut. Si on veut, on a un contrôle. Si on veut réviser, on révise." Bah non, en fait. Oh mon Dieu que c'était violent. Je crois que la description que je fais de ce collège, elle pourrait s'appliquer à plusieurs autres centaines de collèges en France. Je faisais partie de la violence aussi. Je ne m'exclus pas du système. Je n'étais pas trop bagarreuse, mais j'étais extrêmement violente envers mes professeurs. Je ne tolérais rien. Les cours de latin, c'était l'horreur. Amicus, amicorro, mais de quoi ils me parlent en fait, je m'en fous. Viscéralement. J'ai d'autres problèmes. Je passais mon temps à chercher ma place. La question de la place dans ces établissements, dieu sait qu'elle est centrale. Je me retrouvais dans ces cours de latin, ou de flûte. Franchement, je ne comprenais pas. On ne m'a jamais appris à me présenter dans un format qu'on attend dans les premiers stages. Je me suis dit putain, je connais Amicus, Amicurum, amici, amico, amico, mais je ne sais pas me vendre. Je ne sais pas parler de moi. Je ne sais pas décrire mes émotions. Je m'en suis rendu compte à l'âge adulte. Chez moi, tout convergeait vers la colère. Désarroi, c'était de la colère. Peine, c'était de la colère. Peur, c'était de la colère. Je n'avais qu'une émotion. Je me disais, si c'est pas l'école qui est responsable de ça, c'est qui ? C'est ça, la violence de l'école. Ce n'était pas Chicago, là où j'étais. Ça ne canardait pas. Mais ce que je décris comme une violence, c'était qu'on ne nous apprenait pas à être des individus autonomes, intelligents, capables de mobiliser des émotions. Par contre, cosinus, sinus, tangentes… Je voyais l'ampleur de l'embrouille autour de moi, des injustices, des inégalités, des souffrances des uns, des autres, des copains, des copines. Il y avait tous ces trucs que j'observais et je me disais on me parle en latin. Du coup, j'étais en guerre. Avec tout le monde. Dès qu'on me disait, "t'es feignante", les profs nous envoyaient des trucs comme ça, parce que je pense que les pauvres n'avaient pas la clé, je leur répondais : "Je t'emmerde." Je ne savais pas comment faire autrement à ce moment-là. J'ai compris bien après qu'en vrai, la violence, elle était ce que vous apprenez, c'est très décalé en fait. Très décalé. Je faisais le minimum. Je croyais que j'étais débile. Je croyais que j'étais feignante. J'y croyais à force, à ces conneries de discours. Que j'avais un poil dans la main, que je ne profitais pas de ma chance, j'avais des avantages moi, par rapport à d'autres élèves. J'avais des parents qui parlaient français. J'avais des parents qui travaillaient. Je savais ces avantages-là. J'aurais pu cartonner pour eux, ils disaient : "Mince, pourquoi t'as pas 20 en maths." Je ne voyais pas le lien, je ne comprenais pas. J'attendais autre chose. J'avais envie de faire de la musique, du théâtre. J'en ai fait après. Parce que j'ai sauvé ma peau et que j'ai été aidée. Mais dans ces collèges-là, faire du théâtre, ça n'a pas de valeur. »

### « VOUS FEREZ UN BEP VENTE »

Malgré tout, les élèves, les parents, comme les enseignants sont bien obligés de s'accrocher à cette idée. Que vont faire les enfants à la sortie ? C'est toute la question qui se pose au cours de l'orientation. Pas un des jeunes que nous avons interrogés qui ne nous en ait parlé avec regret ou amertume. Le sentiment qui prédomine est surtout celui de ne pas avoir été écouté ni guidé. L'orientation se fait sur des bases qui demeurent énigmatiques pour bien des élèves. Jérémy Gallois, un Lorrain d'une quarantaine d'années qui, après une scolarité difficile, est devenu professeur dans un lycée professionnel, nous en parle. « Ils se sont trompés, au lieu de me mettre en cinquième, on m'a mis dans ce qu'on appelle les SES, les CCPN, ce qu'on appellerait maintenant les Segpa. Les quatre premières heures de cours, on me fait souder de la chaise toute la journée. Je rentre le soir à la maison, je dis non, je ne veux pas faire ça. Mes parents appellent. L'administration se rend compte qu'elle s'est trompée. En fait, j'aurais dû être dans une cinquième générale pour la redoubler… »

La plupart des jeunes que nous avons rencontrés sont marqués par cet aiguillage, dont le sens leur échappe. Arrivée en 3e, c'est le moment du choix pour Solène David, une jeune femme de 25 ans, originaire d'une petite ville de Meuse. « Quand on quitte le collège, c'est le professeur principal qui choisit, qui dirige l'élève vers le secteur qui lui semble le plus approprié pour lui. Comme à l'époque j'aimais bien m'habiller, me maquiller, ils m'ont collée dans une section mode. "Métiers de la mode et du vêtement". Autant dire que je n'aurais jamais choisi ça toute seule. Ça a été quatre années d'études où j'ai appris des choses, mais où, là, vraiment, j'ai compris que c'était pas du tout fait pour moi. » Il lui faudra des années avant qu'elle se prenne en main et décide elle-même de son orientation, d'une manière plutôt originale. « J'ai choisi le cursus comptabilité. Mon esprit super pragmatique a été sur Google et a tapé "travail le plus pérenne en France". Le résultat disait : comptable. J'ai donc fait de la comptabilité, parce que c'est un métier où on gagne de l'argent raisonnablement. Je ne veux pas d'un métier où je gagne 4000 euros, ni d'un métier où je dois regarder tout le temps chaque prix sur chaque étiquette. Je veux simplement vivre bien et normalement dans mon confort.

Je me suis quand même dit que ça serait corsé pour moi avec tous mes bagages, mais je l'ai fait. »
Même mésaventure pour Sophie-Marie Larrouy. Au moment de l'orientation, elle n'a pas compris ce qui lui arrivait. « J'ai des souvenirs d'un CPE. Je lui disais que la mode me plaisait, et il me disait : “Très bien, vous ferez un BEP vente”. Je répondais non, je voudrais faire du merchandising, ou alors je ne sais pas, être styliste. Il me disait : “Oui, mais BEP vente c'est très bien”. On ne se comprenait pas. Je pense simplement qu'il manquait de fiches Onisep sur les métiers de la mode, et qu'il n'avait pas envie de chercher. Les gens qui travaillent dans l'éducation ne suivent pas tous forcément un sacerdoce. Le CPE faisait juste ses heures et basta, on n'en parle plus. »
Elle le raconte aujourd'hui avec humour, mais le souvenir demeure cuisant. « Ce moment de l'orientation en 3e, je ne connais personne qui l'a bien vécu. Personne qui, en sortant, s'est topé dans la main en disant : “voilà une bonne chose de faite. Je sais ce que je veux faire de ma vie”. Déjà, c'est trop jeune pour choisir ce que tu veux faire de ta vie en 3e. Et en plus, on te décourage, tel métier demande beaucoup d'études, dans tel autre il n'y a pas de débouchés… Mais ce n'est pas à toi de décider de ma vocation enfin ! Je me disais, ça ne va pas, comme quand un camion se présente devant un pont et qu'on voit qu'il ne va pas passer. Là, je voyais le camion de ma vie arriver sous le pont, et il manquait vingt centimètres. Je me disais, ça va

être long la vie, si c'est comme ça. Si ce n'est que ça.» Résultat des courses: un gros burn out à l'âge de 20 ans, faute de savoir quoi faire.

## DÉSORIENTATION

Ahmed Dramé est un jeune comédien qui a écrit le scénario du film *Les Héritiers*, issu de son expérience au lycée Léon-Blum de Créteil. Une expérience qu'il a bien failli ne jamais connaître. L'accès à cette seconde générale lui a été refusé. Tout s'est joué à une discussion dans la cour de récréation...

«Je croise Alan, un copain. On parle des affectations, on discute un peu de l'année d'après, vu qu'on sera amenés à se quitter. Le truc fou, c'est que durant tous ces mois, on n'a pas eu la chance de beaucoup échanger ensemble, dans la mesure où il a été absent une longue partie de l'année. Il me dit qu'il est accepté en seconde générale. Je lui dis: "Tu dois être content de ton choix, parce que seconde générale, ça reste un peu l'élite par rapport à la seconde professionnelle." Il me répond qu'il n'en a que faire. Il ne sait même pas s'il ira. C'est assez violent pour moi, je lui demande, "Tu réalises la chance que tu as ou pas ?" À ce moment, je me suis dit, attends, si on lui donne une seconde générale avec son taux d'absentéisme et sa moyenne beaucoup plus faible que la mienne, pourquoi moi je n'y ai pas ma place ? J'en ai parlé à ma mère qui, avec sa confiance en l'école de la République, ne me croyait pas. "Écoute Ahmed, on va aller vérifier ça avec ton principal. Si c'est la vérité, je veux l'entendre de mes oreilles et le voir de mes yeux." J'avais dit la vérité. J'ai moi-même été surpris par la vitesse à laquelle je suis passé d'une orientation à une autre. J'étais très heureux, mais en même temps, ça m'a fait mal parce que je me disais que mon destin aurait pu être tout autre. » Anne Anglès, sa professeure d'histoire-géo, dont il a fait l'héroïne de son film, est présente. Elle le coupe. « Ce qui est scandaleux, c'est qu'on bafouait ton droit. C'est-à-dire que tu avais le droit d'aller en seconde générale. À l'époque, seuls les élèves qui demandent explicitement la voie professionnelle pouvaient y aller. On ne t'a pas fait connaître ce droit-là. C'est ce qui me scandalise. Parce que tu t'appelais Ahmed Dramé et que, peut-être, il fallait remplir les filières professionnelles, on t'envoyait en seconde professionnelle, en plus dans une voie que tu n'avais pas choisie et à laquelle tu n'avais pas réfléchi. » Ahmed, le sourire doux-amer conclut : « Combien de personnes, malheureusement, se retrouvent dans ma situation ? L'impact sur leur avenir a quelque chose de terrible. »

De tous ces témoignages, se dégage le sentiment que l'orientation n'est pas vraiment là pour aider les adolescents mais pour remplir des quotas, des filières. Ancien instituteur devenu professeur de maths, Soufiane Djellal en a gardé un souvenir si marquant qu'aujourd'hui, alors que c'est à son tour de décider pour ses élèves, il se pose de nombreuses questions sur le poids de sa responsabilité. « Orienter, c'est difficile. J'ai eu ce problème-là cette semaine. J'étais tellement dans le doute que je me suis tourné vers un gamin que j'ai eu il y a des années dans ma classe. C'est maintenant un adulte et j'ai eu besoin de mesurer chez lui l'impact que pouvait avoir une orientation non choisie et imposée. J'ai réellement forcé pour qu'il aille en Segpa. Je sais qu'il n'est pas malheureux dans sa vie d'adulte. Mais j'aimerais connaître l'impact de ce choix que j'ai fait pour lui. Est-ce qu'il est arrivé suffisamment rassuré ? Est-ce qu'il a compris ce choix ? Est-ce qu'il l'a accepté ? Est-ce qu'il a investi après ? Je n'en sais rien, parce que je manque de recul sur ce que les élèves deviennent… »

Mais tous les orienteurs n'ont pas les mêmes angoisses, ni les mêmes interrogations. Estelle Brénéol, professeure d'histoire et de lettres en lycée professionnel de banlieue parisienne, est souvent surprise par la réaction de ses élèves lorsqu'ils arrivent en seconde. « L'orientation, c'est un vrai problème en troisième. Quand on accueille les élèves à la rentrée de seconde, ils découvrent par exemple que technicien d'usinage, ce n'est pas faire de la mécanique. Constructeur en carrosseries, ce n'est pas forcément travailler autour de la voiture, mais autour des pièces de l'automobile. Il y a une vraie méconnaissance de ce qu'est le lycée professionnel au collège. La découverte se fait au fur et à mesure les premières semaines, parfois avec beaucoup de déceptions. Des élèves pensaient être en atelier tous les jours. Non, l'atelier en classe de seconde, c'est douze heures et c'est déjà bien. Il faut laisser la place aux autres matières parce qu'elles ont toute leur place pour une formation complète. Souvent le public qu'on découvre en lycée professionnel, ce sont des enfants qui ont été un peu cassés par leurs années collège, qui manquent de confiance en eux. Qui étaient soit très absentéistes, soit provocateurs, ou bien en décrochage complet. »

## LES NOUVELLES VOIES DE GARAGE

Avant la crise économique, nous l'avons vu, l'enseignement professionnel, et plus encore technique, était une voie d'excellence qui permettait aux enfants d'être plus qualifiés que les parents. Il y avait une véritable fierté ouvrière, un sentiment d'appartenir à une classe possédant une culture, des valeurs.

Avec la récession, tout cela a disparu : le chômage, la fin de nombreux métiers a détruit ce sentiment, cette fierté. Cette voie d'enseignement n'est souvent plus qu'un choix par défaut, par manque de moyens, ou parce qu'on croit qu'on ne peut faire que cela, quand il n'est pas imposé par les orienteurs.

Nous repensons aussitôt à ce que nous a raconté notre ancien inspecteur d'académie, Jean-Paul Delahaye : « Je disais à mes élèves d'Ailly-sur-Somme, vous pouvez aller au lycée d'Amiens, ça sera vraiment très bien et je suis sûr que vous y réussirez. Souvent, on a affaire à des familles qui, vous le voyez dans leur regard, se disent il a raison. Il serait capable, mon fils. Elle serait capable, ma fille. Mais aller plus loin, ça signifie entrer à l'internat. Et la bourse d'internat ne couvre pas tous les frais. Comment payer cette scolarité, alors que plus près, il y a un lycée professionnel ? Pas besoin de faire de grands déplacements, des coûts réduits. Assez souvent on retrouve des formes de censure pour raisons économiques. »
Quelques années plus tard, lorsqu'il revient dans la région, cette fois-ci en qualité d'inspecteur, il demande aux responsables de l'orientation dans l'académie de lui faire un point sur celle des élèves en fin de troisième. « On a pris ceux qui avaient eu juste 10 aux épreuves terminales du brevet des collèges. Ils ont juste 10, ce n'est pas terrible, ce n'est pas infamant, c'est la moyenne. Que deviennent ces élèves en fonction de leur origine sociale ? Les résultats parlent comme le nez au milieu de la figure. Si vous êtes de milieu modeste et que vous avez 10, on va plutôt vous proposer l'enseignement professionnel. Si vous avez 10 mais que vos parents appartiennent à la classe moyenne ou aux classes favorisées, on va vous pousser vers le lycée général. Je ne dis pas que les professeurs agissent ainsi

volontairement, mais statistiquement, c'est comme ça que ça se passe. »

Soufiane Djellal, notre professeur de maths, se souvient de cette expérience qui l'a marqué, lorsqu'il est entré au lycée technique. « Ma mère est allée au marché. Elle a discuté avec une autre mère qui lui a dit : "Le meilleur bac, c'est le bac E". Elle s'en fout ma mère du bac E ou du bac machin mais en rentrant elle m'a dit : "Le fils de Mme Soucié, il a fait E, donc tu feras E toi aussi." Moi, je devais être un peu con, grisé par le fait que ça marche bien à l'école. Je dis ouais, je vais faire ça. Grave erreur… Je me suis retrouvé dans un lycée technique avec plein de matières bizarres. Je me souviens que le lundi matin, c'était la journée atelier. C'était vraiment galère. Comment je vais faire pour tenir, je me disais. C'était trop long. Quand tu saucissonnes le temps, que tu dois tenir une heure, bon, à peine elle est commencée qu'elle va se terminer. Mais quatre heures ! Quand il est 8h30 et que tu sais qu'après la pause de 12h30, tu devras y retourner tout l'après-midi… Ce n'était pas possible. Avant de commencer, le prof d'atelier nous faisait un laïus sur la pièce super intéressante qu'on allait fabriquer. "On va faire un moule pour des ceintures de plongée." Moi je ne suis pas foutu de lire un plan. L'info que je captais c'était : "Attention, tel outil coûte une fortune." À partir de là, je voyais ma porte de sortie. En deux secondes, l'outil faisait clac, en deux secondes le prof m'engueulait. Il me disait de dégager et j'avais mes quatre heures de liberté. »

Nombre d'élèves qui se retrouvent dans cette filière ont un sentiment puissant d'échec, qui les pousse à se croire moins doués que les autres, comme nous le raconte Estelle Brénéol. « Ils me disent : "Mais madame, j'ai toujours été nul en histoire". – Non, tu n'es pas nul, tu as la moyenne. – Mais je ne comprends pas, avec vous, j'ai la moyenne. – Donc ça veut dire que tu es capable. On a chacun sa manière d'apprendre et on va essayer de trouver la tienne." Je vois beaucoup de jeunes qui manquent de confiance en eux, qui pensent entrer au lycée professionnel pour s'échapper du collège. Ils croient aller vers les matières professionnelles et sont un peu déçus d'y trouver encore des matières générales. »

De ses élèves, Estelle Brénéol pourrait parler des heures, tellement elle s'investit dans son métier, cherche à leur donner tout ce qu'elle peut. « Souvent, ceux qui arrivent de 3e me disent : "L'école, ce n'est pas fait pour moi." Je dis, donne-nous quelques mois et puis après, tu me rediras ce que tu en penses. Et puis finalement… Il y a des élèves qui voulaient s'arrêter à un CAP, qui font un bac pro, qui font un BTS, qui font une licence pro. J'ai beaucoup de collègues qui étaient anciennement élèves dans cet établissement et qui y enseignent aujourd'hui. Tous les élèves sont faits pour l'école. »

Elle pointe la différence qu'instaurent les élèves de la filière générale envers ses propres élèves. « Parfois, ils ont un très mauvais *a priori* sur les élèves de lycée pro. Puis quand, par des actions ou des sorties communes ou des expositions, on arrive à les mélanger, ils arrivent à se rendre compte qu'ils sont tous identiques. La mixité sociale, en tout cas au sein de l'école, se fait plus facilement par le biais de ces projets. »

Même engagement, même passion du côté de Jérémy Gallois, qui a connu le même parcours que les élèves qu'il a désormais dans sa classe. Il se bat pour que l'enseignement professionnel soit reconnu à sa juste valeur. « Le lycée professionnel, ce n'est pas l'endroit où se trouvent tous les vauriens, les bandits. Il y a quelques exceptions, forcément, comme partout. Mais il faut arrêter les généralités au sujet des lycées professionnels. »

Il nous raconte son parcours scolaire. « J'ai fait ma scolarité dans un lycée professionnel. Ça ne s'est pas trop mal passé. Pour les autres élèves c'est pareil. Ils peuvent s'en sortir. » Il est pourtant de la génération où s'opère le basculement dans l'esprit aussi bien des enseignants que de la société : de filière d'excellence, l'enseignement professionnel devient la « voie de garage ».

Jérémy Gallois se souvient de la façon dont il a vécu ce passage. « Plusieurs fois j'ai ressenti, je ne dirais pas de la honte, mais le regard méprisant des autres. J'allais au lycée professionnel à une époque où, pour ces gens, il s'agissait d'une voie de garage. C'est ce regard-là qui m'a fait me sentir mal à l'aise, différent des autres. On pourrait presque dire de ne pas avoir le même vocabulaire, ni les mêmes connaissances. En grandissant, j'ai commencé à aller "à la ville", à Nancy, à fréquenter. Ce n'était pas évident. Quelques réflexions, quelques vannes mal placées. "T'es beubeu. T'as pas le niveau pour aller en enseignement général, donc t'es un beubeu." Entre temps, les lycées techniques avaient été créés, donc si tu n'as pas le niveau pour aller en lycée général, ni le niveau pour aller en lycée technique, tu es vraiment un sacré beubeu. Et puis on avait toujours eu l'impression que les lycées professionnels étaient mal fréquentés, qu'on était tous de la racaille. Quand on essayait de draguer un peu, ça pouvait mettre certaines barrières. »

Jérémy prend aussitôt avec ardeur la défense du lycée où il enseigne aujourd'hui. « Mon lycée professionnel, ce n'est vraiment pas une voie de garage. À mon époque, on ne jurait que par le bac S… Maintenant, il y a des élèves qui font ce choix d'aller vers le professionnel. Depuis que le bac professionnel donne accès de plus en plus au bac +2, on gravit encore d'autres échelons. On peut obtenir un bac +2 par apprentissage. On n'est pas cantonnés à être des manuels parce qu'on a de plus en plus de rapports écrits à faire, d'échanges verbaux avec les autres, savoir pourquoi la machine est tombée en panne ? Pourquoi ceci ? Pourquoi cela ?… »

Comme Estelle Brénéol, et comme bien d'autres professeurs, Jérémy Gallois se bat pour que chaque élève s'en sorte. Chaque solution trouvée est une victoire. « Parfois, on a beau vraiment tout faire, on a des jeunes qui n'arrivent pas à se projeter. Ils n'ont pas d'avenir. Mais si au bout des trois ans du bac pro on arrive à leur trouver une réorientation, la vue sur un métier ou quelque chose auquel on peut les raccrocher, on a tout gagné. »

On le comprend, si l'école échoue en grande partie à préparer au monde du travail, c'est principalement pour deux raisons : la première est due à une crise économique sans précédent qui a rompu l'idée que bien travailler à l'école donnait automatiquement un métier. La seconde, c'est que l'enseignement professionnel, et dans une moindre mesure, l'enseignement technique, sont perçus par le système scolaire comme le moyen de se débarrasser des mauvais élèves. Nous allons voir dans le chapitre suivant comment cette méconnaissance, voire ce mépris de la formation professionnelle, s'est installée dans l'univers scolaire.

Chapitre 4

# UNE ÉCOLE DU SAVOIR

Derrière la critique de la baisse de niveau actuel, pointe souvent une autre remarque tout aussi virulente. C'est Mai-68 qui aurait abîmé l'école. Le reproche le plus courant est celui qui l'accuse d'avoir sapé l'autorité de l'enseignant. Mais il en existe un autre, tout aussi prégnant : en voulant renouveler la pédagogie, les instituteurs et les professeurs auraient fait la part belle aux désirs de l'élève. Parce qu'ils auraient cherché à se mettre au niveau de l'enfant, ils lui auraient fait perdre le sens de l'effort, du travail. Certains insistent sur la place que prendrait le jeu, réduisant l'apprentissage à une partie de plaisir. Résultat : les enfants ne seraient plus capables d'apprendre.

## HARO SUR LE PÉDAGOGISME

Cette critique a connu son heure de gloire dans les années 1980. Des philosophes, des experts dénoncent un trop grand souci de la pédagogie qu'ils baptisent le « pédagogisme ». Pour eux, ce qui compte, ce n'est pas d'adapter l'enseignement à tous les élèves, mais d'assurer la promotion des meilleurs. C'est devenu un lieu commun de railler le vocabulaire des pédagogues et chacun d'y aller de son exemple : le ballon appelé « objet rebondissant », l'accent d'une langue baptisé le « matériel sonore », l'enthousiasme « une vision proactive »... On pourrait les multiplier en un facile effet pour décrédibiliser les sciences de l'éducation. D'autres vont plus loin en remettant en cause le savoir-faire, la pratique des enseignants, comme en témoigne la mésaventure arrivée à la mère de Margot Abbara. Cette jeune femme qui approche la trentaine vient de passer le concours de professeur des écoles. À l'issue de plusieurs années d'études, notamment à Sciences Po, elle s'est tournée vers l'enseignement après s'être posé ces questions : « Qu'est-ce qui est essentiel ? Quel métier me permettrait, chaque matin en me levant, de me dire que j'ai un impact sur la vie des autres ? Tout de suite ce petit mot est venu. Prof. Pourquoi n'y ai-je pas pensé avant ? Sans doute parce que ma mère est prof. À la fin du lycée, je ne me voyais pas du tout faire comme ma maman. Surtout pas. » Elle avait d'abord en mémoire les difficultés du métier. Mais peu à peu, d'autres souvenirs lui sont revenus. En particulier le bonheur maternel d'être avec les enfants, de leur apprendre. « Ma mère a commencé à enseigner en collège, en ZEP. C'était dur mais elle se sentait très proche de ses élèves, elle avait vraiment l'impression de leur apporter quelque chose. Elle est restée dix ans là-bas, ce qui est assez important parce que souvent on reste moins longtemps. Elle en a des super souvenirs. Puis elle est passée dans un lycée de centre-ville et s'est dit finalement qu'elle préférait avoir des problèmes avec des élèves turbulents plutôt qu'avec des parents en centre-ville. Ces parents qui la regardaient droit dans les yeux en lui disant : "Vous n'êtes que prof, moi j'ai un bac +5, je sais mieux que vous, et vous faites n'importe quoi." Des parents qui veulent apprendre aux profs leur métier. En ZEP, aucun parent ne ferait ça. Ils sont reconnaissants qu'il y ait des professeurs face à leurs enfants. »

Derrière cette remise en cause du savoir des professeurs par certains parents, au nom même des connaissances apprises… lors de leurs études, on perçoit le vieux débat qui agite l'école depuis les origines : que faut-il apprendre aux enfants et comment.

Avec la III^e République, le débat semblait tranché. Aux enfants de la bourgeoisie dans les lycées, le « vrai savoir », c'est-à-dire les « humanités classiques », à base de latin et de grec, de grands écrivains et de philosophie. C'était le modèle-même du savoir : à la fois quelque chose qui permettait de briller dans les soirées et aussi quelque chose de volontairement inutile (au sens de ne pas préparer à un métier) mais qui manifestait l'appartenance à un même monde, celui des élites. L'apprentissage se faisait par l'étude : quelques heures de cours magistraux dans la journée mais surtout de longues séances de travail en solitaire, aidés par quelques répétiteurs. Notre ancien inspecteur nous explique leur fonction. « Il y avait encore des répétiteurs jusque dans les années 1960, dans nos grands lycées. C'était en quelque sorte l'adjoint de l'enseignant qui, avant le cours, en histoire-géographie, par exemple, prenait les élèves et leur donnait un cadre, avec les grandes dates historiques, les grands événements, les épisodes des grands conflits. Les élèves arrivaient au cours d'histoire avec ce cadre, un peu comme des comédiens qui auraient répété leurs rôles. L'enseignant pouvait alors faire un cours plus politique, plus global, avec des élèves qui voyaient à peu près, grâce aux dates qu'on leur avait données, ce que le professeur racontait. Le répétiteur reprenait les élèves après le cours et leur faisait faire des exercices. »

On le voit, le lycée offre à ses élèves à la fois un programme et une méthode pour apprendre ses humanités.

À la communale, les enfants « ordinaires » ont droit à la connaissance de base : lire, écrire, compter mais, plus important, ils doivent apprendre à devenir de bons citoyens, des patriotes.

L'histoire de l'école au XX^e^ siècle est celle d'un lent grignotage des bastions du savoir des élites par les classes populaires.

## À L'ASSAUT DES LYCÉES

Pour les premiers qui ont débarqué dans les lycées dans les années 1960, cela a souvent été difficile, un véritable combat. Ariane Ascaride est de ceux-là. Née dans une famille populaire de Marseille, elle a fait des études jusqu'à la fac comme ses deux frères. Comment l'explique-t-elle, à une époque où les enfants de son milieu s'arrêtaient plus tôt ou s'orientaient vers le technique ou le professionnel? « Par cette volonté absolument féroce de mon père de vouloir qu'on fasse des études, mes frères et moi. Elle vient du fait qu'il ait été traité de sale Rital. Un Rital c'est un menteur, c'est un voleur. Donc, c'était une vengeance. Je crois qu'il n'y a pas d'autre mot. La vengeance de mon père, c'était de se réaliser dans ses enfants. Je crois que mes frères et moi n'avons fait que ce qu'il a voulu faire et qu'il n'a pas pu faire. Au fond, il nous a imprégnés, mais d'une manière épouvantable. Presque trop. À travers nous, il voulait prouver qu'il était quelqu'un de respectable, il nous a mis ça sur le dos. Donc on a fait des études. Et c'est toujours le maître ou la maîtresse qui avait raison. Si on s'était fait punir, c'est parce que la maîtresse, elle, avait vu un truc qu'on avait fait, sa parole était d'or. Mon père avait une grande phrase quand je ramenais une mauvaise note: "Tu veux continuer comme ça? Bah, tu iras travailler aux dattes." Parce qu'à Marseille, il y avait des usines de dattes. Rien que des filles qui mettaient en boîte les dattes, arrivant du Maroc, de Tunisie ou d'Algérie. Elles étaient payées une misère. C'était une expression marseillaise, "Tu iras travailler aux dattes", ça voulait dire vraiment… t'étais plus con qu'une chaise. Ou alors il disait : "Tu seras coiffeuse". Alors là ! Être coiffeuse pour mon père, c'était pire que tout. Puisque lui avait travaillé dans ce milieu. Il fallait que l'école soit un tremplin vers l'évolution sociale. Il y avait cet amour des parents pour l'école, parce qu'ils savaient, en tout cas les gens de mon milieu savaient, que l'école pouvait apporter un mieux à leurs enfants. Et ils savaient que c'était possible. »

À la sortie de l'école primaire, Ariane Ascaride entre au lycée. Là, elle découvre Balzac. « En 5e, on avait étudié *La Peau de chagrin*. Je trouvais ça pénible. En fait, j'ai appris par les descriptions, parce que Balzac, c'est le roi de la description, il est complètement cinématographique. À force, je me suis mise à apprécier ces descriptions. J'ai commencé à lire *La Comédie humaine*, petit à petit et voilà. » C'est un amour tout neuf, intense, comme on peut en avoir à l'adolescence envers un auteur qui vous parle. Mais quelques années plus tard, le choc. « C'était en première, je crois qu'on travaillait sur Balzac, une prof de français d'un coup m'a dit : "Mais vous, d'où vous venez, vous ne pouvez pas comprendre ce qui est écrit." Ça, je m'en rappellerai toute ma vie. Toute ma vie. »

L'entrée des classes populaires dans le saint des saints a laissé des traces dans la mémoire des bourgeois habitués à faire partie des élites. Thierry Desjardins, l'ancien

journaliste au *Figaro* et lycéen depuis trois générations au lycée Condorcet, n'a pas oublié : « À partir de la première, on voyait arriver des gosses de quartiers défavorisés qui avaient été repérés par des profs. Cela créait de la mixité sociale. C'étaient des bûcheurs, des petits génies, qui se sont mis à nous rafler les premières places ! »
Ce lycée des années 60 ressemble véritablement à un lieu de savoir à l'assaut duquel sont partis les enfants des classes populaires. La connaissance est une conquête. Pour reprendre le mot de Kateb Yacine à propos de la langue française dont se sont emparés les Algériens, c'est « un butin de guerre ».

## LA SÉLECTION PAR LES MATHÉMATIQUES

Cette bataille des connaissances n'a jamais cessé d'être livrée. Son accès demeure aujourd'hui difficile pour nombre de jeunes. Pour autant, la définition même du savoir qu'il faut connaître, de celui qu'il est important d'acquérir pour entrer dans les meilleures sphères a changé avec le temps. Les humanités classiques ont en grande partie cédé la place aux mathématiques, signe d'une importance croissante de la technocratie dans la société. Le physicien Étienne Klein est intarissable sur le sujet. Il a vécu sa scolarité au moment de ce glissement de la primauté des lettres vers les mathématiques. Comme tous les scientifiques ou les bons élèves en maths que nous avons interviewés, il trouve ce choix plus juste : « Que les mathématiques soient utilisées pour sélectionner finalement, ou pour orienter les élèves, ça s'explique peut-être historiquement par le fait que les mathématiques révèlent des capacités indépendantes du milieu social auquel on appartient. Si vous êtes dans une famille dans laquelle il y a beaucoup de livres, dans laquelle les parents parlent de littérature, parlent très correctement le français, vous êtes favorisé dans les disciplines dites littéraires. Vous avez une formation en dehors de l'école. On pourrait dire la même chose des maths, d'ailleurs, mais les mathématiques sont censées proposer une forme d'objectivité qui transcende, qui pourrait transcender le milieu culturel qui est le vôtre, comme si elles mesuraient vos capacités propres, telles qu'elles sont, sans qu'on puisse les rapporter à l'influence que peut avoir sur vous votre famille. »

Mais bien vite il évoque le cas de son frère et modère sa vision : « Les mathématiques à mon époque étaient enseignées comme si, justement, elles étaient l'arbitre, le véritable arbitre de vos capacités intellectuelles. On n'imaginait guère que vous puissiez devenir bon en mathématiques si vous aviez montré que vous étiez mauvais. Donc l'idée même de progression n'était pas vraiment intégrée dans l'enseignement, il y avait les bons et les mauvais. On sait très bien, parce que la docimologie, la science de l'évaluation, l'a démontré par de multiples expériences, que les élèves reproduisent des performances conformes à leur réputation. Moi, j'étais bon élève de réputation. Je pense que ça a joué. Quelqu'un qui a la réputation d'être un bon élève ne peut pas faillir, donc il s'arrange pour continuer de l'être. C'est la même chose pour ceux qui ont la réputation d'être mauvais. Notamment mon frère aîné. Il a des 0 en maths, il ontologise sa note. J'ai 0 en maths, donc je suis nul. Ce n'est pas ma copie qui est nulle, c'est moi. C'est ça qu'il faut complètement reprendre. Mon frère, qui avait un an de plus que moi, était hyperactif, beaucoup plus manuel que moi, il avait besoin de faire pour comprendre. Il a été, je n'hésite pas à le dire, martyrisé par l'introduction des maths modernes. Il avait redoublé, donc on s'est retrouvés ensemble, au même niveau. Moi, j'adorais les maths modernes, justement parce qu'elles mettaient en rapport avec l'abstraction. Lui se débrouillait très bien avec les calculs de robinets, de baignoire qui se vide, mais sur les diagrammes sagittaux, les relations de transitivité, etc. il n'était pas du tout à l'aise. Toute une génération a été malmenée par l'introduction de nouvelles mathématiques, en réalité très anciennes mais nouvelles dans l'enseignement, pour lesquelles les professeurs étaient presque aussi novices que les parents. Ou les élèves. L'enseignement n'était pas très bon, et le fait que les mathématiques aient été utilisées comme moyen de sélection et d'orientation a produit des catastrophes. »

## « AVOIR LA CARTE »

Disons-le tout net, dès qu'un savoir est choisi pour servir à la sélection, cela produit de l'injustice. Il existe une inégalité profonde dans la mise en scène et la primauté donnée à cette sélection. Incompatible avec le savoir, car ce qui se joue derrière, c'est la possibilité d'appartenir ou non à l'élite. Ainsi le diplôme devient la preuve de cette appartenance. Le dessinateur Jul que nous avons interrogé pour son parcours atypique, depuis l'école alternative Decroly jusqu'à l'école Alsacienne, le lycée Fénelon et Normale Sup, désigne cette appartenance scolaire par une expression très claire : « avoir la carte. »

«Avoir la carte pour pénétrer tel milieu, social, culturel, c'est un peu une logique de boîte de nuit : si on n'a pas tel ou tel marqueur social, si on n'a pas fait tel itinéraire, on n'est pas admis. C'est quelque chose ancré dans les années 80. À un moment, toute la société s'est mise à ressembler à un club privé, avec ceux qui gagnaient beaucoup d'argent, puis ceux qui commençaient à s'enfoncer. Avec les débuts du chômage, "la dérive des continents" sociale s'est amorcée très nettement, à la fin des Trente Glorieuses. Et cette idée d'une carte premium capable de nous faire entrer à tel ou tel endroit, a été exploitée follement par les publicitaires. Jusqu'à aujourd'hui. En permanence, quand on prend l'avion, quand on va au supermarché, il y a des cartes. De quoi être un peu au-dessus de la personne en dessous, avec des couleurs différentes, des cartes bancaires, des cartes Platinum, Miles Premium, Gold, Diamond. Ce qu'on pressentait dans les rapports sociaux, on a essayé de le mettre en scène dans les rapports de consommation et donc d'accentuer cette difficulté sociale et de l'ériger en système. En fin de compte, on a toujours envie d'être un peu plus que le mec d'à côté. Qu'on soit dans un milieu pauvre ou dans un milieu riche, il y a toujours le mec qui a un yacht plus gros que son propre yacht, ou la télé un peu plus grande que celle du voisin de palier qui habite le même HLM. Si on s'imagine qu'il y a une carte école Alsacienne, une carte hypokhâgne, une carte Normale sup, c'est un peu faux. C'est une façon de matérialiser un état d'esprit. Mais ce n'est en aucun cas une condition sine qua non. J'ai toujours envie de dire que c'est du pipeau total, qu'il n'y a pas d'histoire de carte. Mais en fin de compte, les gens qui prétendent l'avoir font tout pour que les autres croient qu'elle existe vraiment. Il y a énormément d'efforts, sécrétés par la société, pour maintenir cet état de fait, cette hiérarchie sociale qui n'a moralement pas lieu d'être, et qui, en fait, n'est qu'une chimère. »

Il n'empêche, la sélection a ancré l'idée qu'il existe un savoir d'excellence et que c'est dans les grandes écoles qu'il est dispensé. Son acquisition donne une reconnaissance, un pouvoir. Là, le plaisir d'apprendre passe souvent après l'esprit de concours, la compétition, et plus encore la volonté d'obtenir cette fameuse carte. C'est ce que l'on devine chez Étienne Klein, derrière le récit de sa préparation à Centrale. « Je suis un produit de la sélection, je l'assume. Les concours… c'était une épreuve physique d'abord. C'était des horaires terribles, des épreuves parfois très longues, plusieurs par jour, donc il fallait tenir physiquement et psychologiquement. Le plaisir d'apprendre s'est complètement annulé en prépa. Ce sont des exercices à faire en série, une absence totale d'ouverture intellectuelle puisqu'il reste très peu de disciplines enseignées. Maths, physique, un peu de philo, il faut lire deux ou trois livres, un peu d'anglais. On perd l'ouverture : l'histoire, la géographie… Puis il y a aussi une sélection psychologique. Dans ma classe préparatoire, à la rentrée, il y avait une dizaine de filles avec des mentions très bien au bac. À la Toussaint, il n'en restait plus qu'une. Il y avait une forme de harcèlement des professeurs qui les faisaient pleurer au tableau. Volontairement ou pas, je ne sais pas. Elles craquaient, elles partaient en médecine. »

Le principal reproche d'Étienne Klein à ces concours, c'est celui de ne pas être centré sur le plaisir du savoir, mais sur une sorte de super bachotage. La réussite passe d'abord par une résistance psychologique, physique même, une motivation à réussir, qui n'est pas forcément synonyme d'apprentissage et de stimulation intellectuelle : « En prépa on reste assis, quoi, plus de quinze heures par jour. Est-ce normal, à 18 ou 20 ans, d'être assis quinze heures par jour ? Le sport se fait en catimini. On devrait plutôt avoir envie de découvrir le monde, de voyager, d'avoir des aventures sentimentales, de découvrir la vie. Au lieu de ça, on doit accepter une forme d'enfermement, que je ne regrette pas du tout parce que j'ai appris à apprendre vite, etc. Mais ce que je veux dire, c'est que c'est une sélection psychologique. Tout le monde n'a pas envie, à 18 ans, de vivre cette vie-là. Donc il y a une forme de sélection, moins par les mathématiques, même si elles jouent un rôle, que par l'intensité existentielle qu'on souhaite mettre à cet âge-là dans sa vie. »

## LE POIDS DE L'HÉRITAGE CULTUREL

Nathalie Broux, une professeure de lettres dans un microlycée de Seine-Saint-Denis, garde un souvenir à la fois heureux et douloureux de sa préparation à Normale Sup. « J'arrive en classe préparatoire en hypokhâgne au lycée Lakanal. On est soixante-dix. J'avais reçu une liste de livres à lire pendant l'été et je me souviens que j'avais pleuré. J'avais essayé de lire la préface à la *Phénoménologie de l'esprit* de Hegel sur la plage des Sables d'Olonne. Je ne comprenais rien. C'était la première fois que je faisais une telle expérience. J'étais stressée parce que je me disais je ne comprends pas, mais les autres, eux, vont tous comprendre. J'ai fait une rentrée un peu lunaire, avec un choc de cultures, un choc de milieux. Les gens venaient des quatre coins de la France. Il y avait un internat à Lakanal, c'était donc assez mélangé, mais c'est quand même une des grandes prépas parisiennes, comme on dit. Je pense qu'on était soixante-dix à se demander si on avait le niveau et à essayer de ne pas le montrer. La crise de légitimité se pose en permanence chez les bons élèves. Ce n'est jamais assez bien. Ils n'ont pas le niveau, ils ne savent pas tout par cœur. Ils ne savent pas tout sur tout. Mais on ne se le dit pas parce qu'on n'ose pas.» Cependant, elle se souvient d'une véritable explosion intellectuelle. «Je me disais tous les jours que j'aurais pu passer à côté de ça, j'aurais pu ne pas savoir ça, ne pas apprendre ça, ne pas suivre ce cours. C'était dur. Mais c'était vertigineux intellectuellement. C'est étrange de consacrer ces années-là uniquement à travailler. Ce n'est pas fun, mais en même temps, il y a une espèce d'explosion. Je ne sais pas comment dire autrement. Une explosion intellectuelle.»

Préparer le concours s'avère très dur, démotivant presque. «J'ai 5, j'ai 6, j'arrive à 9 à la veille du concours et donc je passe le concours de l'ENS Fontenay Saint-Cloud, décontractée. Je ne l'aurai pas, c'est évident. Ce n'est pas de la coquetterie. Je me suis dit, prends tout ce que tu peux apprendre. Et voilà que je suis admise à l'École normale supérieure du premier coup, à 19 ans. La proclamation des résultats dans le jardin de l'ENS avec le directeur de l'école qui lit la liste des reçus, c'est quand même un moment dans une vie, quand on entend son nom. On plane. Pour moi, ça voulait dire que j'allais avoir une liberté totale, que j'allais travailler dans le domaine qui m'intéressait, que j'avais eu raison de choisir ça, que j'étais salariée à 19 ans. À 19 ans. J'avais un salaire. Je pouvais payer mes livres, ma chambre… On a l'impression qu'il y a une erreur de casting, donc on se refait le film. Je me souviens très bien que mon père est arrivé en retard à la proclamation des résultats, à Fontenay. Il me cherche dans tous les couloirs des recalés. Il existe ce qu'on appelle la confession, terme très intéressant, ce moment où on va voir les membres du jury qui expliquent pourquoi on est recalé. Mon père fait tous les couloirs et me trouve dans le jardin de l'ENS, à poser pour la photo de promo… »

Mais Nathalie Broux se souvient aussi des autres lauréats. « Je me retrouve avec des gens qui ont un capital culturel, un milieu, des familles où il y a bien sûr d'autres normaliens ou des élèves d'autres grandes écoles. Moi, je suis la seule de ma famille. »

Cette évidence, Anne Anglès, professeur d'histoire à Créteil, la pointe dans les mêmes termes quand elle évoque son hypokhâgne et sa khâgne à Henri IV. Elle aussi a connu le même épanouissement intellectuel dans sa classe prépa que Nathalie Broux, mais elle souligne la sociologie particulière de ceux qui passent avec elle le concours. « On était très mélangés, parce qu'il y avait des jeunes qui venaient de province et de Paris. Mais c'était quand même les héritiers, c'était les enfants d'une élite parisienne, politique, intellectuelle et culturelle. Ou des enfants de journalistes en vue, des enfants d'hommes politiques, de sénateurs. Il y avait un jeune homme, Mermaz, qui a intégré Normale Sup, et puis moi qui ai échoué à l'oral. C'est une certaine jeunesse programmée, qui a grandi dans un monde à la table duquel se réunissent des puissants de la culture ou du monde politique. La voie est tracée, on a balisé et défriché un parcours. Ceux qui suivent cette voie royale y ont été préparés par leur famille, par leurs parents, par leur milieu, avec une forme d'évidence. Ils savent qu'ils iront en classe préparatoire, qu'ils réussiront l'École normale supérieure Ulm, bien sûr, de préférence. Qu'ensuite, ils passeront l'ENA, ou feront des carrières universitaires prestigieuses. Puis il y a les autres qui ne savent même pas que l'École normale supérieure existe. C'était, je l'avoue, mon cas. Moi, je me programmais pour aller au mieux à l'université, mais c'était un monde indéfini et flou. »

Que les enfants des milieux aisés soient surreprésentés dans les classes préparatoires et les grandes écoles, ce n'est pas une surprise, mais ces dernières années, la part des enfants des milieux modestes n'a cessé de diminuer. Comme le souligne Étienne Klein, « l'école, en principe, devrait être l'incarnation du lieu de l'Égalité des chances. Je l'ai vue comme ça, je l'ai vécue comme ça. À Louis-le-Grand, en prépa, il y avait des fils d'ouvriers, même en khâgne. Surtout, il y en avait plus que maintenant… »

De plus en plus, les grandes écoles et l'accès à ces connaissances d'excellence sont chasse gardée. Mais au-delà de cette constatation, ce qui est important, c'est sa signification en termes de nature du savoir. Pour se reproduire, les élites ont tranché. Elles ont défini un certain type de savoir, de références à posséder pour faire partie du sérail. En gros la culture classique des humanités, écartant par avance toute autre forme, créant ainsi une hiérarchie entre ces humanités (le nom à lui seul est révélateur) et les autres cultures et savoirs. Une hiérarchie qui exclut toute une partie de la population. C'est ce qu'exprime Mohammed Zouag, le jeune Marseillais du quartier populaire de la Sauvagère, qui est entré au lycée Thiers : « Les différences sociales se ressentent aussi dans la façon d'apprendre à l'école. Quand je dis la façon, c'est la façon de travailler, en général. On voit que les gens de milieux plus favorisés connaissent certains domaines que, nous, nous ne maîtrisons pas du tout. La littérature, par exemple, est une chose qu'on ne maîtrise pas trop dans le quartier. Ça vient plus tard en général, et parfois, pour certains, ça ne vient pas du tout. J'arrive au lycée. Je ne lis pas de livres, qu'on me dise de le faire ou non. Avant d'entrer au lycée Thiers, avant même de connaître le lycée, on nous demande de lire trois livres pendant les vacances d'été. Moi, je ne les ai pas lus. C'est les vacances, c'est l'été. Je joue au foot, je vais à la plage, mais je ne lis pas. À la rentrée, la majorité de la classe les a lus. Quand on m'interroge dessus, je ne sais pas de quoi on parle, je ne connais pas même leur titre. La différence avec les autres saute aux yeux. C'est là que j'ai appris qu'il fallait lire les livres avant la rentrée parce qu'on avait reçu un mail. Premier choc. Pourtant on ne le comprend pas tout de suite, à ce moment-là, je suis encore dans la phase : "Ils les ont lus parce qu'ils ont l'habitude de lire." Mais non, ils les ont lus parce qu'ils ont compris. Ils ont tout de suite assimilé ce que c'est que la lecture, avec des bases que je n'ai pas. En 3e, en français, je m'en sortais très bien, et la professeure me disait : "Au lycée, tu vas te rater complètement." Parce que ça change. L'exigence est différente. Au collège, je ne comprenais pas, je m'en sortais très bien. Pourquoi ? Parce qu'au collège, on apprend à faire des phrases simples. L'analyse et la grammaire. Mais quand c'est à toi de sortir tes propres phrases de ton cerveau, là il n'y a plus personne. Tu n'as pas de vocabulaire, le seul vocabulaire que tu connais, c'est celui appris à l'école, mais très rapidement… vu que tu ne lis pas. C'est là que j'ai senti la fracture sociale. Je pensais avoir des facilités au collège. Mes camarades sont arrivés avec des facilités encore plus élevées. »

## « RÉHABILITER LE PRESTIGE DE L'INTELLIGENCE DE LA MAIN »

Comme le fait remarquer Étienne Klein, « on peut être ingénieur en France sans être capable de changer une prise électrique. Est-ce qu'il n'y a pas quelque chose à revoir, là ? Des gens ont des capacités manuelles, des dons. Moi, j'appelle ça des dons. Mon frère aîné avait des dons pour tout ce qui est réparation de moteurs, bricolage, etc. L'école l'a maltraité. Je pense qu'il faut réhabiliter à l'école le prestige de l'intelligence de la main. » Mohammed Zouag fait le même constat : « Je pense vraiment que les diplômes sont des passeports dans ce pays. Maintenant, est-ce qu'ils nous servent ? J'en suis moins sûr. Avoir un diplôme, même un bac +5, ça ne veut pas forcément dire que tu es plus doué dans un domaine que celui qui a juste l'expérience. Il y a des gens dans mon quartier qui peuvent te faire démarrer une fusée avec de l'eau tellement ils sont forts, ils ne sont pas allés chercher les diplômes, ils sont allés chercher le vrai domaine. Ils sont allés le vivre. Moi, par exemple, j'ai un diplôme en mécanique, je connais la théorie, peut-être. Mais demain, même si j'ai fait cinq ans d'études, tu me mets devant un moteur, je ne saurai pas quoi faire. Je vais regarder mes cours… Mais lui, il saura quoi faire. Parce qu'il a vu. C'est vrai dans tellement de domaines. Monter une entreprise par exemple. Aujourd'hui, des gens ont des bac + 5 ou 6 en entreprenariat. Oui mais peut-être que le mec d'à côté est doué et qu'il est juste allé voir un comptable, a créé une entreprise, en sachant de quoi il parle. Je pense que c'est vraiment le savoir-faire et le tempérament qui font la personne, pas le diplôme. »

À travers ces deux témoignages, se poursuit la revendication qui a animé tout le mouvement ouvrier depuis le XIXe siècle : la reconnaissance d'un savoir technique, d'un savoir-faire qui serait sur le même plan que le savoir des élites. Il ne s'agit pas seulement d'admettre une égalité du travail manuel et intellectuel mais de saisir, de se servir et d'apprendre ce savoir professionnel. Comment il structure une autre façon d'appréhender le monde et la nécessité qu'il soit lui aussi enseigné, pratiqué au même titre que la culture classique.

Ce combat est mené dès la Commune. L'éducation est un point essentiel de l'action des communards. Ils revendiquent « que l'enfant passe insensiblement de l'école à l'atelier, devienne en même temps capable de gagner sa vie et apte au travail intellectuel, que chaque ouvrier, chaque homme occupé à un travail physique puisse écrire un livre, avec sentiment et talent, sans quitter son établi ». Autrement dit que l'on ne sépare plus les deux formes de savoir. D'autres font de ce savoir-faire manuel le véritable point de départ de l'acquisition des connaissances. Comme l'explique le journaliste Edwy Plenel, « partir de la réalité pour les classes populaires, c'est essentiel. Parce que si on m'amène à un savoir qui n'est pas présent à la maison, à quoi bon ? Il n'y a pas de livres à la maison. Il n'y a pas de gens diplômés. »

L'apprentissage, ce n'est plus seulement savoir par cœur, c'est aussi faire participer les enfants, leur faire découvrir le monde qui les entoure, pour mieux leur permettre d'assimiler des connaissances théoriques, en fait imbriquer savoir pratique et savoir abstrait. Les activités dirigées et les classes-promenades sont à l'ordre du jour. On reconnaît là la méthode mise au point par Célestin Freinet. Une méthode que le Front populaire tente de généraliser. Dans la mémoire, 1936 reste le moment où la culture ouvrière est mise au premier plan, tant au niveau politique qu'au niveau des loisirs et des arts. Mais ce que l'on sait moins, c'est que c'est aussi vrai au niveau de l'éducation. Le nouveau ministre Jean Zay fait entrer cette approche plus concrète dans les programmes de l'école primaire et l'intègre au savoir classique pour en faire un bien commun. Il se heurte à l'hostilité des députés de gauche comme de droite, ainsi qu'aux partisans d'une hiérarchie des savoirs qui permet aux élites de se reproduire.

Pour autant, la volonté d'intégrer ces connaissances techniques et professionnelles réapparaît au lendemain de la guerre. Paul Langevin et Henri Wallon sont chargés par le gouvernement provisoire de mettre sur pied un plan pour rénover l'école. La vingtaine d'universitaires, d'experts, de professeurs, d'instituteurs qui participent à cette commission remettent un rapport dans lequel ils prônent de renouveler en profondeur la culture scolaire en faisant toute leur place, aux côtés des humanités classiques, à ce qu'ils appellent les « humanités scientifiques et techniques », aux sciences et à la culture du monde du travail. L'idée étant de faire des enfants des hommes complets, capables d'appréhender le réel dans sa totalité : savoir et métier ne sont plus séparés et il est même prévu que les élèves seront payés dans leurs études à partir de 15 ans. Ce plan ne voit pas le jour, guerre froide oblige, Henri Wallon étant communiste, mais il sert encore aujourd'hui de boussole à de nombreuses personnes qui souhaitent réformer l'école.

### « S'OUVRIR, APPRENDRE, S'ÉMANCIPER »

C'est donc toujours le savoir classique qui domine et qui ouvre les portes des grandes écoles, puis des hautes fonctions. Mais le débat s'est doublé dans les années 1980 d'une attaque supplémentaire contre la pédagogie. En gros, c'est aux élèves de venir au savoir, pas au savoir de venir aux élèves, car en rapprochant ce dernier des enfants, on affaiblit forcément le niveau. L'important est l'effort que doit faire l'apprenant pour se hisser jusqu'à la connaissance. Une façon sans aucun doute de pénaliser encore un peu plus ceux qui ne sont pas familiarisés avec ce savoir, les enfants des milieux populaires, des quartiers. Il ne faut ni réformer l'orthographe pour la simplifier, ni faciliter l'accès par toutes sortes de moyens sous peine de priver l'enfant d'un accès complet au véritable savoir qui par définition est aride, difficile. Prétendre le contraire serait même une forme de démagogie qui se retournerait contre ceux que

l'on prétend défendre. Ce serait sous-entendre que tous les enfants d'origine modeste seraient incapables d'y parvenir, en leur prémâchant un savoir à bas prix « pour leur bien »...
Il suffit d'écouter Sylvie Da Rocha, professeure de sciences de la vie et de la Terre dans un lycée ZEP en Lorraine pour comprendre que la manière dont on transmet le savoir est un enjeu de première importance. Parlant de ses élèves, elle nous explique : « Moi, j'aime bien le fait qu'ils soient cash, qu'ils puissent vous dire : "aujourd'hui oh madame, vous n'avez pas bien expliqué." Ça me remet en question. Dans d'autres établissements, je n'ai pas ressenti ça, j'ai eu des élèves qui posaient des questions, mais je n'ai pas eu ça. J'aime aussi voir dans les yeux de mes élèves que je suis utile. Du coup, ils me le rendent bien. "Merci, madame, merci." Même s'ils ne le disent pas tout haut, dans leurs yeux je le vois, et je me sens vraiment utile. »
Nathalie Broux dans son lycée de décrocheurs ne dit pas autre chose. « Il y avait quelque chose que je trouvais terrible. C'était à quel point le prof ne s'intéressait pas à la personne des élèves. L'élève pouvait intéresser le prof en tant qu'élève seulement. Dans des lycées de centre-ville un peu convenus, un peu classiques, c'était comme ça. Rares sont les professeurs qui osent voir la personne derrière. Or, dans tous les projets pédagogiques, dans toutes les lignes éducatives, dans tous mouvements pédagogiques que j'ai pu fréquenter depuis, on commence par dire ça : l'élève est une personne, un sujet. Il faut le réaffirmer. »

Elle voit dans cette approche une manière de permettre aux enfants d'accéder au savoir. «À l'école primaire, on accepte tout à fait que le maître ou la maîtresse s'occupe de faire les lacets du gamin, d'aller à la cantine, de mélanger le geste éducatif et le geste pédagogique. On accepte tout à fait que le professeur enseigne plusieurs matières. On sait que l'école est un peu une maison, où il y a des couleurs, des prénoms qu'on affiche, un coin bibliothèque. La plupart des enfants sont assez heureux à l'école primaire. Puis tout se casse. Tout d'un coup, de 8 heures à 9 heures, la prof d'anglais veut un cahier petits carreaux, 96 pages, 21 sur 28 centimètres avec, avec la page de garde écrit en gros; de 9 à 11 heures, le prof de maths, lui, veut un classeur grand format avec des intercalaires rouges. D'un coup, tout explose. Le monde se fragmente, et donc le savoir se fragmente aussi. Comment voulez-vous trouver du sens dans tout ça?»

«On ne peut pas transmettre si on n'est pas deux êtres humains, conclut-elle. Enfin, on le voit bien en ce moment derrière un écran. Le lien est essentiel. Il y a une physique de la classe, une géographie de l'enseignement, il y a une relation. Et ça, c'est passionnant. Scientifiquement, on sait maintenant qu'on apprend mieux si on est en relation humaine avec l'enseignant.»

Et pour ceux qui penseraient qu'il s'agit là d'un savoir au rabais parce qu'adapté à l'élève auquel il s'adresse, il suffit d'écouter Estelle Brénéol, la jeune professeure de lettres et d'histoire-géographie en lycée professionnel à Neuilly-Plaisance. « J'aime leur enseigner la littérature, la culture. Bien sûr que c'est important de faire moins de fautes d'orthographe et de grammaire. Mais ce que moi, je veux, c'est les réconcilier avec la littérature. Les réconcilier avec la langue française et pour ça, commencer par une interro sur la conjugaison ne me paraît pas le meilleur moyen. Les enseignants de lettres, histoire, géographie sont des enseignants qui travaillent la littérature avec leurs élèves, alors rabaisser les exigences, jamais. On ne rabaisse pas nos exigences en lycée professionnel. On reprend les bases, peut-être de manière plus individualisée, en permettant à chacun de progresser, en fonction de ses difficultés. Mais au-delà, ce qu'on leur apporte, c'est une culture, un regard sur le monde, une ouverture. Hier, j'étudiais *Une vie* de Maupassant, et j'étais heureuse de voir l'envie qu'avaient mes élèves de découvrir la fin. Mais qu'arrive-t-il à Jeanne maintenant qu'elle a été trompée par Julien à deux reprises ? Mais que se passe-t-il ? On en vient à des questions qu'ils n'avaient pas osé poser avant. Ils voulaient savoir comment se passait l'accouchement puisque Jeanne accouche d'un petit Paul. Toute une partie du cours a finalement tourné autour de ça, mais de manière plus générale, sur la vie à cette époque. Tout d'un coup s'ouvre un espace où on peut échanger. On peut parler culture. On peut poser les questions qui nous taraudent et apporter des réponses qui vont les intéresser, sur leur vie, leur vie concrète, leur vie présente. »

Pour elle, tout est matière à engranger, à étudier par d'autres biais. « Ce qui était le plus passionnant pour moi, c'était les projets qu'on montait. Voir que par d'autres biais, on pouvait faire du français. Créer le journal du lycée, ça a été un grand moment pour moi parce que je voyais les élèves s'investir, c'était vraiment très intéressant de les voir s'ouvrir, apprendre, s'émanciper. »

Chapitre 5

# UNE ÉCOLE LAÏQUE

Parmi les spécificités de l'école française, une surtout est au centre de toutes les attentions et des débats : la laïcité.

Depuis l'affaire du voile à Creil en 1989, elle est revenue au premier plan, sous un angle nouveau. Trois jeunes filles sont exclues de leur collège pour avoir refusé d'enlever leur voile en classe. Aussitôt une immense polémique éclate. « Faut-il laisser entrer l'islam à l'école ? » titre le magazine *Le Point*. Depuis, une commission puis une loi interdisant le port de tous signes religieux à l'école en 2004 ont tranché la question mais elle continue d'agiter plus que jamais le monde politique. Pas un mois sans qu'un article, une déclaration n'alerte sur les dangers qui menacent la laïcité. Repas hallal, mères voilées lors des sorties scolaires, longueur des jupes, tout est devenu prétexte à des débats aussi byzantins que stériles, et l'on n'en finit plus d'avancer arguments et contre-arguments.

Le terrible assassinat, en octobre 2020, de Samuel Paty, professeur d'histoire-géo au collège de Conflans-Sainte-Honorine, a marqué une nouvelle étape. L'émotion provoquée par son meurtre, aussi bien dans la société que parmi le corps enseignant, fait de la question de la laïcité un problème désormais majeur de l'école. Au-delà de ce crime horrible, il semble maintenant impossible de réfléchir aux problèmes rencontrés par l'école autrement que sous l'angle du séparatisme et de la mise au ban, ou au pas, des enfants de l'immigration. Certains, venant d'une famille idéologique qui a pourtant défendu, il n'y a pas si longtemps, avec vigueur les racines chrétiennes de la France, se font aujourd'hui les défenseurs intransigeants de la laïcité, devenue une véritable arme de guerre contre une partie de la population. La voix posée, le regard lumineux, le rappeur Kery James pointe non sans ironie le sous-texte de cette nouvelle posture : « L'école de la République, c'est une école à fabriquer des républicains. D'ailleurs, c'est récent qu'on ait envie d'enseigner à tout le monde, mais on a envie d'enseigner quoi à tout le monde ? Un modèle précis auquel il faut se conformer. Quand j'entends le discours très axé sur la laïcité à l'école, je n'entends qu'un discours qui vise à stigmatiser les musulmans. C'est là où le bât blesse. Il reste à prouver que les valeurs de la République soient *liberté, égalité, fraternité*. En tout cas, on en est vraiment loin. »

## LAÏCISER L'ÉCOLE AVANT DE LAÏCISER L'ÉTAT

Pourtant en se replongeant dans son histoire, on s'aperçoit que la laïcité n'a jamais été ni un long fleuve tranquille ni une frontière nette tracée entre l'école et les religions. Il ne s'agit pas ici d'en retracer les péripéties mais d'en rappeler les contours.

Pendant les trois-quarts du XIXe siècle, les différents régimes politiques de la France, Restauration, Monarchie de juillet, Second Empire confient le soin de l'école à l'Église. Le but est simple : civiliser les enfants du peuple en leur enseignant les principes religieux, éviter qu'ils se révoltent et leur prêcher la bonne morale.

Un tel soutien à l'ordre établi conduit les mouvements socialistes et ouvriers à mener un violent combat contre l'Église. C'est la Commune de Paris qui la première tente de sortir la religion des salles de classe. Durant ses 72 jours d'existence, elle chasse les enseignants religieux au profit de laïcs dans les écoles communales. C'est elle aussi qui invente un mot nouveau, la laïcité, que Littré fera entrer dans le dictionnaire quelques mois plus tard.

Les républicains poursuivent ce combat. La position de l'Église est celle d'un rejet du nouveau régime et un soutien, plus ou moins ouvert, à ceux qui tentent de le renverser.

C'est l'époque où des curés, des évêques se font élire à la Chambre pour appuyer une politique antirépublicaine et appeler de leurs vœux le rétablissement de la monarchie qui, de droit divin, repose sur le catholicisme. Cette pente monarchique naturelle, l'Église la conservera très longtemps, notamment dans l'enseignement qu'elle diffusera dans les écoles catholiques. Marie-Martine Morel, qui a fait une bonne partie de sa scolarité à Sainte-Marie-des-Invalides se souvient : « Évidemment, l'histoire qu'on nous apprenait, ce n'était pas la Première Guerre mondiale. C'était plutôt le siècle de Louis XIV. Je saurais tout vous dire sur Louis XIV, enfin j'exagère, mais beaucoup de choses, parce qu'évidemment, c'était le joyau de l'aristocratie. »

L'adoption de la loi sur la laïcité de l'école, le 28 mars 1882, s'inscrit donc dans un contexte de lutte pour la défense du nouveau régime. Mais la laïcité façon Ferry est loin d'être aussi tranchée qu'on voudrait bien le croire.

L'ancien inspecteur d'académie, Jean-Paul Delahaye, nous rappelle comment les républicains s'y sont pris. « Un des problèmes dans notre pays, c'est qu'on a oublié l'histoire. On a oublié que la laïcité a été un combat. Les catholiques ne se sont pas laissé faire. Le pape a vilipendé la République pendant très longtemps, mais on s'y est pris de façon suffisamment intelligente pour que petit à petit, ça soit l'affaire de tous et que tout le monde tienne à cette laïcité. Les républicains ont d'abord laïcisé l'école, avant de laïciser la République. En fait, les républicains ont procédé dans l'ordre. Si vous voulez une république, il faut former des républicains. Et ces républicains, il faut les former à l'école, dans une école libérée des influences religieuses. À l'époque, c'était la religion catholique qui était prégnante dans notre pays et qui ne voulait pas lâcher un pouce du pouvoir qu'elle avait dans la société. Ça n'a pas été simple de séparer les églises et l'école, mais Jules Ferry s'y est pris de façon très intelligente. Il a commencé par laïciser les programmes. Avant lui, l'instruction primaire comprenait l'instruction morale et religieuse, il a remplacé religieuse par civique. Un seul mot a tout changé. Le programme ne comprenait plus d'enseignement religieux. Il a fallu qu'ils se battent à la Chambre des députés, au Sénat pour faire passer ça, y compris devant certains républicains qui n'étaient pas d'accord pour qu'on enlève Dieu des programmes. Donc, ce n'est pas dans la loi. Sauf que Jules Ferry est un homme d'État. Il enlève Dieu dans les programmes laïques qu'il fait rédiger par son collaborateur Ferdinand Buisson, qui paraissent quelques mois plus tard, dans le chapitre « Instruction morale et civique ». Il y a les devoirs : envers soi-même, envers sa patrie, envers sa famille et envers Dieu. Ces devoirs envers Dieu vont rester jusqu'en 1923. Il aura fallu quarante ans de transition pour que les citoyens acceptent que l'enseignement devienne civique et pas seulement religieux. Ensuite Ferry va laïciser les locaux scolaires. C'est dans la même loi. La République n'étant pas ennemie de la religion, les citoyens qui le voulaient ont pu continuer à donner à leurs enfants le catéchisme, mais en dehors de la classe. On libère une journée par semaine, le jeudi à l'époque, pour cela. Comme il y a des internats dans les lycées, le jeune interne ne peut pas sortir pour aller au catéchisme. En républicain responsable, Jules Ferry laisse donc les aumôniers entrer dans les lycées. L'aumônier catholique, l'aumônier juif et l'aumônier protestant. On ne gardera que ces aumôniers, pas seulement à l'école d'ailleurs, mais aussi dans les prisons, les hôpitaux et à l'armée, pour les mêmes raisons. Ensuite, les républicains vont laïciser les personnels. C'est René Goblet, quelques années plus tard, en 1886, qui s'en chargera. À partir de cette date, plus aucun religieux n'enseigne à l'école primaire. On laisse un délai de cinq ans pour les hommes. On ne parle pas des femmes dans la loi, parce qu'on n'a pas d'institutrices laïques sous la main. On a besoin des religieuses. On va les laisser très longtemps dans nos écoles rurales. Bref, les républicains ont fait ça avec ordre, pragmatisme, progressivité, tout en affirmant des principes extrêmement clairs. Ce n'est que beaucoup plus tard qu'on a laïcisé les élèves, d'une certaine manière, lorsque la loi de 2004 oblige les élèves à la même neutralité que leurs enseignants. »

## UN COMBAT AVANT TOUT POLITIQUE

Pragmatisme et progressivité, les maîtres mots des républicains dont témoignent les fameux cours d'instruction morale et civique, ceux qui démarrent la classe chaque matin. Bien qu'ils se veuillent laïques, ils empruntent largement les traits de la morale catholique. Dans une circulaire adressée aux instituteurs en 1882, Jules Ferry écrit: «Vous n'avez à enseigner, à proprement parler, rien de nouveau, rien qui ne vous soit familier comme à tous les honnêtes gens. [...] Demandez-vous si un père de famille, je dis un seul, présent à votre classe et vous écoutant, pourrait de bonne foi refuser son assentiment à ce qu'il vous entendrait dire. Si oui, abstenez-vous de le dire; sinon, parlez hardiment.» Cette morale de père de famille ne diffère guère de la morale religieuse: mêmes maximes, même but... C'est que la lutte entre les républicains et les catholiques sur l'école n'est pas un combat philosophique ou moral, mais bien un combat politique: qui doit contrôler l'école?

La rentrée d'octobre 1882, la première depuis l'adoption de la loi sur l'école laïque, est marquée par de nombreux incidents: appel à la grève scolaire, violence à l'égard des instituteurs, les curés refusent parfois le baptême aux enfants d'enseignants... Pour autant, les républicains n'ont jamais envisagé de fermer les écoles religieuses. La plupart pensait qu'elles disparaîtraient d'elles-mêmes, une fois que la supériorité de l'école publique aurait fait ses preuves.

La victoire des républicains peu à peu assurée, toute une partie de l'Église et des fidèles se rallie au nouveau régime,

au début des années 1890, avant que l'affaire Dreyfus ne vienne remettre de l'huile sur le feu. La hiérarchie catholique et ses journaux s'engagent aux côtés des antidreyfusards, car affirmer la culpabilité du capitaine, c'est d'abord clamer son rejet de la République et œuvrer à sa chute.
Sortis victorieux de cette crise, certains républicains se sentent désormais assez forts pour se lancer dans l'offensive finale : séparer les Églises de l'État. Jusqu'alors, la France vivait encore sous le régime du Concordat : le catholicisme était reconnu comme la religion de la grande majorité des Français et l'État rémunérait le clergé. Étendu par la suite au protestantisme et au judaïsme, ce concordat donnait un statut officiel aux Églises.
Les Républicains les plus anticléricaux veulent chasser les religieux de l'école. Ils interdisent aux congrégations d'enseigner. Des 13 000 écoles qu'ils dirigent en 1905, il n'en reste plus que 27 en 1912. De violentes bagarres éclatent. Là encore il s'agit d'une question avant tout politique et l'on pourrait même dire doublement politique. La lutte contre les catholiques s'accompagne d'une lutte contre le mouvement ouvrier. L'agitation virulente menée par le président du Conseil Émile Combes occupe toute la scène politique, forçant les socialistes et les anarchistes à le soutenir contre l'Église. Il faut toute l'habileté et l'intelligence politique de Jaurès à la Chambre des députés pour arriver à faire adopter une loi qui ne soit pas une exclusion ou une machine de guerre.

La laïcité pour le leader socialiste, c'est la liberté de conscience. Il écrit : « Le droit réel, vivant, de l'enfant, ce n'est pas d'être tenu en dehors de telle ou telle croyance, c'est d'être mis en état, par une éducation rationnelle et libre, de juger peu à peu toutes les croyances. » À l'Assemblée, il affirme dans un grand discours : « Oui au droit de la personne humaine à choisir et à affirmer librement sa croyance, quelle qu'elle soit, et en même temps oui à la puissance de la science organisée qui, par l'observation, l'expérimentation et le calcul, interroge la nature et nous transmet ses réponses, sans les mutiler ou les déformer à la convenance d'une autorité, d'un dogme ou d'un livre, voilà les deux principes essentiels, voilà les deux forces du monde moderne. »

Les députés anticléricaux le traitent de socialo-papiste, parce qu'il est à gauche et qu'il ferait le jeu du pape…

Jean-Paul Delahaye explique : « Dans l'esprit de Jaurès, de Briand, le rapporteur de la loi, et de Buisson, le directeur de l'école élémentaire, il ne s'agit pas de combattre la religion pour la religion. Leur combat n'est pas antireligieux mais cherche à bien séparer ce qui relève de la sphère religieuse et ce qui relève de la sphère publique. C'est Briand qui disait que la loi protège la foi, tant que la foi ne se mêle pas de faire la loi. Ça a été leur angle d'attaque. Ils ne s'en sont pas départis et ils ont dû en effet combattre sur leur extrême gauche, un certain nombre de républicains qui voulaient aller beaucoup plus loin. Ils n'étaient pas dans l'idée de séparation des Églises et de l'État, mais dans une approche de suppression des Églises par l'État, ce qui n'est pas exactement la même chose. Jaurès et Briand ne se sont jamais prêtés à un combat antireligieux. Ils sont anticléricaux, mais pas antireligieux. Qu'est-ce que ça veut dire ? Être anticlérical, ça veut dire ne pas accepter que les religions empiètent sur la sphère publique et se mêlent de régir la vie des citoyens à partir de préceptes religieux. Tous les républicains sont anticléricaux. Et on est tous anticléricaux dans la mesure où on dit que l'Église doit rester dans sa sphère d'influence, pas au-delà. Mais ils ne sont pas antireligieux comme l'était une frange de députés. Je pense à Allard qui, en 1905, voulait interdire le port de la soutane par les curés dans la rue. Briand et Jaurès ont dit non. La République garantit la liberté de penser et dans la liberté de penser, de croire, de ne pas croire, il y a la liberté d'expression. On peut exprimer ses convictions dans la rue, manifester ou faire une procession à condition de respecter l'ordre public. Jaurès et Briand voulaient tenir la religion à distance. Et tenir la religion à distance, ça n'est pas être l'ennemi des religions. D'une certaine manière, si vous êtes ennemi d'une religion à tort, parce que vous pensez être laïque, ça veut dire que vous pervertissez la laïcité qui n'est pas une opinion particulière. La laïcité n'est pas une option philosophique, c'est encore moins une religion. C'est un principe qui permet la liberté d'avoir des convictions différentes dans un même pays. Si vous êtes antireligieux, ça veut dire que vous avez d'une certaine manière, une conception de la laïcité comme une option philosophique qui va s'opposer aux autres. Alors que la laïcité, c'est un cadre juridique qui permet la cohabitation. Autrement dit rassembler les citoyens sans que les citoyens se ressemblent. Pour faire nation, il n'est pas nécessaire d'être des clones les uns les autres. Simplement il y a des règles à respecter. Et dans une république c'est le Parlement qui fait la loi. Ce n'est pas un livre religieux, aussi respectable soit-il. »

Et Jean-Paul Delahaye de conclure : « On a franchi un pas supplémentaire avec un État qui s'affiche résolument neutre sur le plan des religions et met fin au concordat. On ne va plus payer les prêtres, les évêques... c'est maintenant l'affaire de l'Église. On garantit à tous les citoyens la liberté de penser, de croire, de ne pas croire. On garantit l'égalité à tous les citoyens, quelles que soient leurs convictions. C'est comme ça que, petit à petit, la laïcité est entrée dans notre pays, avec encore une fois, une Église qui ne s'est pas laissé faire en 1905, qui a mis du temps à accepter la neutralité de l'État. Et puis petit à petit, c'est entré dans les mœurs. »

De ces débats houleux naît la loi de 1905 qui définit encore aujourd'hui la laïcité à la française. L'Église n'a plus le droit d'imposer ses idées, mais les croyants ont la garantie de pouvoir vivre leur foi librement. L'école doit être le lieu qui garantit ces libertés.

Le combat est loin de se calmer. Au lendemain de l'adoption de la loi, démarre ce que l'on a appelé la querelle des manuels. Des associations de pères de famille catholiques attaquent en justice certains manuels qu'ils jugent antireligieux. Les plus excités font même des autodafés… La preuve que ce combat est d'abord politique, c'est qu'une fois la séparation actée, l'État n'intervient plus. Ce sont les amicales d'instituteurs qui répondent aux associations catholiques et les traînent à leur tour au tribunal.
On le voit, la lutte a été très violente. Il y a même eu des morts au moment des inventaires que lance le gouvernement sur les biens de l'Église, car désormais les curés ne sont plus payés par l'État.

## ÉCOLE PUBLIQUE/ÉCOLE PRIVÉE

Si la lutte reste sourde, toujours prête à se rallumer, il n'empêche que peu à peu un équilibre est trouvé. L'attitude du grand-père d'Hélène Raud, une professeure d'anglais à la retraite, est significative de cet accommodement que nombre de catholiques ont établi avec la République. « J'ai des souvenirs de mon grand-père qui priait le soir au pied de son lit. En famille comme dans le village, il marquait sa foi et son appartenance catholique. » Toute la famille vivait dans une petite commune du Lot. « Il était plutôt le notable du village, dont il a d'ailleurs été maire. Il était radical-socialiste et croyait beaucoup à la République, à l'enseignement public. Ses quatre enfants ont tous été envoyés à l'école publique de Saint-Martin, notre village. L'enseignement de la République, pour lui, ce n'était pas biaisé. C'était le meilleur qu'on pouvait recevoir, et puis c'était sa manière d'honorer la République. Sans avoir l'impression de trahir quoi que ce soit de ses convictions religieuses. »

Hélène Raud se rappelle aussi l'attitude de sa mère. « Elle était assez contente d'aller à l'école publique, d'être un peu originale par rapport à la plupart de ses copines. Ça marquait une différence, comme aujourd'hui si vous dites que vous êtes chrétien, athée, ou musulman, ça marque des différences, bien que la République essaie de les gommer. »

Pour cette famille catholique, la laïcité ne posait pas de problèmes.

Pour autant, tout au long du xx^e^ siècle, la question de la laïcité et de la place de l'école religieuse au sein de l'Éducation nationale est demeurée vivace. L'instauration du régime de Vichy a été l'occasion d'une remise en cause de l'équilibre. Les devoirs envers Dieu sont restaurés à l'école et 400 millions de francs versés en faveur des écoles catholiques.

Ces mesures sont supprimées à la Libération, mais commence la longue bagarre entre le public et le privé, à cette époque majoritairement religieux.

Dans les régions de l'ouest de la France notamment, l'emprise de l'Église demeure très forte. Les écoles religieuses y jouent un rôle essentiel jusque dans les années 1970. Michel-Édouard Leclerc, que nous avons interrogé sur son parcours scolaire, en témoigne. Cela commence avec ses parents. « Mon père venait d'une famille de quinze enfants. Jusqu'à deux ans après le bac, il a fait son séminaire à Viry-Châtillon, chez les prêtres du Sacré-Cœur. Il est allé à côté de Lyon, à Uriage. Il n'a pas fait son troisième vœu pour rentrer en congrégation. C'était le vœu d'obéissance. Il est entré en rébellion, a quitté cet univers institutionnel catholique. Il est venu à Landerneau, où il a rencontré ma mère et fondé les centres Leclerc. Lui, il a vraiment eu une formation catholique. Il n'a jamais connu l'institution publique. Du côté maternel, ma mère et ses sœurs étaient dans des écoles privées en pays bigouden. Je n'ai jamais vraiment demandé à ma mère pourquoi ses parents avaient choisi l'école privée plutôt que l'école publique, parce que ça paraissait évident en Bretagne qu'on aille à l'école privée. L'école publique, peut-être qu'elle existait, mais l'école privée en Bretagne, c'était l'école. C'est la tradition. »

Michel-Édouard Leclerc fréquente lui aussi les écoles catholiques. Il voit dans son parcours celui de toute une génération de Bretons. « L'école privée recevait les fils de paysans, les fils de commerçants, les filles de broderie ou de conserverie. Je ne pense pas qu'il y avait de connotation sociale particulière dans le choix du type d'école dans toutes ces villes moyennes bretonnes, c'était un choix peut-être de compétences, mais en tout cas l'école privée était majoritaire. On dit souvent que la Bretagne est une terre de vocation. Dans la réalité, toutes ces congrégations irriguaient le tissu régional. Je me rappelle qu'on appelait les pères recruteurs. Ils étaient envoyés par leur congrégation pour aller rencontrer des familles, leur proposer un système d'éducation quelquefois avec des bourses. Elles permettaient de financer des études à beaucoup de familles pauvres, notamment au centre de la Bretagne. Il y avait des systèmes d'entraide et de solidarité. C'était très courant de quitter sa région, le Finistère par exemple, pour faire des études à Rennes ou Nantes, ou carrément à Paris. Finalement, entre ces systèmes éducatifs qui venaient chercher les vocations ou en tout cas exprimées comme telles, et des jeunes qui voulaient monter à Paris pour connaître une aventure intellectuelle ou simplement sortir du foyer, ce croisement fonctionnait. Moi-même, c'est comme ça que je suis parti de Landerneau. Je suis allé à Viry-Châtillon, au Petit Séminaire des prêtres du Sacré-Cœur, parce que je ne voulais pas tant être prêtre que missionnaire. Mon éducation a été très marquée par cette culture bretonne, je ne dirais pas cosmopolite, mais qui disait : "Va voir ailleurs comment c'est fait." Pour beaucoup de mes copains de classe, c'était aussi une manière de quitter des milieux ruraux très fermés. »

Dans les années 1950, le poids de ces écoles est aussi important sur le plan électoral. Faute de dons suffisants, elles se trouvent dans une situation financière difficile mais peuvent compter sur les élus d'un parti, le MRP, qui se réclame de la démocratie chrétienne et participe au gouvernement tout au long de la IVe République. Elles ont aussi le soutien du tout nouveau président de la Ve République, Charles de Gaulle. Ce dernier a fait toute sa scolarité dans les écoles religieuses, au point que lors de la fermeture des congrégations en 1905, son père l'a envoyé en Belgique chez les jésuites. De Gaulle fera voter une loi, la loi Debré, en 1959, pour sauver ces écoles sur le plan matériel. C'est la création du système des écoles privées sous contrat. C'est surtout la remise en cause des principes de laïcité élaborés par Jules Ferry et la IIIe République. Pour la première fois sous la République, l'État finance l'enseignement religieux. Cette loi Debré est d'abord un moyen de satisfaire les électeurs du RPF, le parti fondé par de Gaulle à la Libération, et qui a fait de la défense de l'école catholique un de ses chevaux de bataille.

Les dernières étapes de ce combat interviennent à partir des années 1980. Au lendemain de l'arrivée de la gauche au pouvoir en 1981, le ministre Alain Savary présente un projet de loi visant à établir un « grand service public unifié et laïc de l'Éducation nationale ». Le 24 juin 1984, plus d'un million de personnes à la tête desquelles les évêques et la droite défilent dans Paris pour s'opposer à la loi Savary. La guerre entre la laïque et la catho est rallumée. Quelques semaines plus tard, le projet est retiré, le ministre démissionne, puis tout le gouvernement.

Mais la question religieuse n'est plus vraiment le problème de l'école privée. Beaucoup de Français la défendent parce qu'ils sont convaincus qu'elle offre une meilleure chance à leur enfant. Ainsi les parents de l'acteur et humoriste Ramzy Bédia. « Mon père me payait l'école privée catholique pour ne pas me mettre à l'école de la cité, pour me donner plus de chances, et je l'en remercie. J'étais le seul Arabe de la classe. Quand en 3e il fallait chercher des stages, j'étais le seul à ne pas en avoir sur les 31 élèves. Tout le monde a des réseaux. La mère d'untel a travaillé chez Peugeot, le père d'untel à la Poste… Nous, nos parents n'ont rien… Je mangeais du porc à l'école. Je disais à ma mère : "Mais maman j'ai mangé du porc à midi." Elle me disait : "Chut, tais-toi, fais comme les autres, ne te fais pas remarquer…" Voilà, j'étais à l'école catholique, je mangeais du porc, c'est vous dire combien j'étais français… »

Cette tendance à vouloir envoyer ses enfants dans une école privée, catholique, réputée de meilleure qualité, plutôt que dans l'école publique du secteur, n'a cessé de se renforcer dans les banlieues ces dernières années. Cela prouve aussi qu'il ne s'agit pas d'une question religieuse.

Ce qui ressort en effet de cette brève histoire de la laïcité et des rapports entre les écoles publique et privée, c'est que la lutte est avant tout politique. L'aspect religieux ne restant qu'un étendard pour mobiliser.

## « AI-JE LE DROIT DE PORTER LE VOILE QUAND JE VAIS SUR MON LIEU DE STAGE ? »

Aujourd'hui encore les combats autour de la laïcité ressortissent de la même logique. À en croire les défenseurs acharnés de cette laïcité, qui en font d'ailleurs une véritable machine de guerre alors que le principe de la loi de 1905 est avant tout celui d'un apaisement, elle subirait de graves menaces, notamment dans ce qu'ils appellent les « territoires perdus de la République ». En résumé les banlieues, où les enseignants de l'école publique ne pourraient plus faire leur métier, parce que le principe de la laïcité ne serait plus respecté…

Nous avons longuement interrogé Estelle Brénéol, la professeure d'histoire-géo dans un lycée professionnel à Neuilly-Plaisance en Seine-Saint-Denis.

Ce qui est intéressant dans son parcours, c'est qu'elle a grandi dans une petite ville près du Cap Sizun, dans cette Bretagne déjà évoquée par Michel-Édouard Leclerc. Âgée d'une trentaine d'années, elle aussi est allée dans une école religieuse. « J'ai commencé par une école privée, maternelle primaire, parce que c'était la seule qui existait dans ma commune. Mine de rien, j'ai quand même fait toutes mes années de catéchisme parce qu'il fallait faire comme les autres. Donc baptême, communion, petite communion, grande communion. Tous les samedis matin, j'allais au catéchisme, au bourg, et même si on n'était pas pratiquants, c'était une manière de s'intégrer. Il fallait que tout le monde fasse comme tout le monde. Ceux qui n'allaient pas au catéchisme étaient pointés du doigt. Dès que ça a été possible, mes parents ont fait le choix de me mettre dans l'école publique. C'est comme ça que j'ai continué mes études au collège et au lycée publics. Un petit bus faisait le tour et nous emmenait au collège. Le soir, il ramassait d'abord ceux du collège privé, puis il venait nous chercher, nous qui étions au collège public, et nous ramenait chez nous. Il y avait une vraie différence public/privé, mais c'est surtout parce que c'était ancré dans les mentalités. La tradition voulait que les enfants de l'école privée aillent au collège privé, donc pourquoi d'autres voulaient-ils aller dans le public ? En tout cas, ce n'était pas simple pour l'organisation de la tournée scolaire. On était un petit grain de sable dans le rouage du privé au privé. Il a fallu revoir entièrement le trajet du ramassage scolaire pour que les élèves du public bénéficient du même temps de trajet, enfin aussi court que ceux qui venaient du privé et qu'ils rentrent chez eux à une heure décente. »

Cette histoire personnelle joue un rôle certain dans sa façon d'aborder la laïcité avec ses élèves. « La laïcité, pour moi, c'est une liberté. Une liberté qui permet à chacun de croire ou de ne pas croire, de pratiquer ou de ne pas pratiquer. Et qui offre à chaque enfant de la République la possibilité de s'émanciper et de faire ses propres choix. Je pense que la laïcité passe par l'école et par cette possibilité d'offrir le choix aux enfants, même quand ils ont vécu dans des régions comme la mienne, où l'empreinte religieuse était importante. Mine de rien, l'école m'a permis de faire mes propres choix, de m'affranchir de ce qu'on m'imposait. » Elle nous raconte son arrivée dans son lycée actuel : « Il y a une certaine appréhension quand on arrive et qu'on a été bombardés de clichés sur la Seine-Saint-Denis. Finalement, j'ai découvert des élèves comme les autres. Comme les élèves normands, comme les élèves bretons. Ils ont leurs particularités linguistiques, mais sont ouverts à l'apprentissage et n'ont qu'une seule envie, c'est qu'on s'intéresse à eux et qu'on leur apporte attention et bienveillance. » Alors nous l'interrogeons pour savoir si c'est difficile d'enseigner la laïcité quand on est professeur d'histoire. « Il y a parfois une forme de nostalgie de ces anciens instituteurs, de cette laïcité Ferry. Moi, j'ai l'impression que cette nostalgie, on la retrouve surtout dans les médias. En tout cas, au sein de l'école, il y a parfois une nostalgie du cours descendant. Mais ce n'est pas ce qui fonctionne. Surtout pas avec la laïcité et les valeurs de la République. Pour moi, ces valeurs, on ne les transmet pas, on les fait vivre par des activités multiples avec les élèves, en partant, par exemple, de cas concrets sur ce qu'ils vivent. Je suis une jeune femme, ai-je le droit de porter le voile quand je vais sur mon lieu de stage ? Qu'est-ce qu'on répond à cette élève ? Déjà, qu'on se pose la question avec l'élève, je trouve ça très intéressant. Partir de leur quotidien, se poser des questions sur les repas à la cantine, avec ou sans porc ? J'aime discuter avec eux, comprendre leur ressenti puis élargir et essayer de raccrocher ça à des textes fondateurs, comme la loi 1905. Leur expliquer pourquoi on fait ces choix. Et pourquoi il y a ces débats aujourd'hui en France. On se rend compte qu'ils sont très intéressés par tout ce qui se dit autour de la laïcité, qu'ils ont énormément de questions. On les prend toutes, comme elles viennent, et on les traite, les unes après les autres. »

Elle nous décrit sa méthode originale pour aborder ces questions. « En enseignement moral et civique, je déroule une rivière dans ma salle, une rivière fictive, ma rivière des crocodiles et je leur propose de se positionner d'un côté ou de l'autre en fonction de mes propositions. Par exemple, un élève a le droit de demander à son enseignant quelle est sa religion. En accord avec les principes de la laïcité ou en désaccord avec ces principes de la laïcité ? Positionnez-vous et ensuite prenez parole. Cette première position du corps est déjà une position de principe. Même s'ils ne prennent pas la parole, ils vont prendre position, en se mettant d'un côté ou de l'autre. Ce qui est génial avec les élèves, c'est leur naturel, leur spontanéité. Être capable, au fur et à mesure des arguments et de la conversation qu'ils ont les uns avec les autres, de basculer d'un côté ou de l'autre de la rivière, de changer d'avis. Autant de fois qu'ils sont convaincus. Jusqu'à ce qu'ils se fixent et qu'on arrive ensemble à prendre un peu de recul et dire oui, un élève a le droit de demander à son enseignant quelle est sa religion. En revanche, l'enseignant n'a pas le droit d'y répondre. »

## « EST-CE QUE L'HOMME DESCEND DU SINGE ? »

Mais il n'y a pas que les professeurs d'histoire qui sont en première ligne. Marie-Laure Hilgert et Sylvie Da Rocha sont toutes deux professeures de sciences de la vie et de la Terre dans une ZEP à Behren-lès-Forbach.

« En arrivant dans cet établissement d'éducation prioritaire, se souvient Marie-Laure Hilgert, j'ai été prévenue par mes collègues de SVT qu'un des points difficiles était l'enseignement de l'évolution. Ma collègue Sylvie m'a tout de suite avertie de ne pas venir avec mes gros sabots "c'est la science, donc c'est la vérité" et de comprendre que ça peut heurter des croyances. Je me suis aussi servi de mon vécu puisque l'évolution m'avait été enseignée par mon professeur au lycée. Je n'en avais pas entendu parler avant. J'étais rentrée à la maison et, en gentille fille, j'avais raconté à mes parents ce que j'avais découvert en cours. J'étais tombée sur un mur. Mes parents étaient choqués au dernier degré parce que ça heurtait leurs convictions bibliques. Je ne comprenais pas. J'avais eu un esprit très ouvert, très tolérant grâce à l'école et pour la première fois j'étais confrontée à un non. La parole de l'école peut heurter une sensibilité familiale. J'ai eu de la chance d'avoir une famille plutôt tolérante, qui m'a laissée ma réflexion, même si elle ne correspondait pas à leur vision biblique. Mais ça m'a appris que quelque chose qu'on vous enseigne à l'école peut heurter une sensibilité. Avec mes élèves, j'ai de petits points d'appui, j'explique qu'une histoire peut être racontée de différents points de vue, qu'on peut utiliser des symboles, des allégories, que des versions différentes peuvent coexister. J'ai demandé aux élèves de ne pas croire à mes cours. Ils n'ont pas besoin d'y croire. Ils ont juste besoin de les apprendre. La grande chance de l'éducation en France, c'est cette école laïque et républicaine qui vous fait découvrir tout ce qui existe et qui vous laisse finalement croire à ce que vous avez envie de croire. On peut très bien avoir de fortes convictions religieuses, progresser à l'école et savoir que les deux choses ne sont pas sur le même plan. On peut avoir d'un côté la réalité scientifique, de l'autre les croyances. Elles n'ont pas à être en concurrence, elles coexistent. On peut croire ou ne pas croire, avoir une religion ou pas. Mais il faut comprendre que les enfants n'ont d'horizon que celui offert par leurs parents. Qui peut agrandir le cadre sinon l'école de la République ? C'est une grande chance que j'ai eue personnellement et que je donne à mes élèves au jour le jour. Une fois que vous leur avez bien expliqué ça, que vous n'êtes pas là pour détruire une croyance personnelle, ils acceptent parfaitement les choses. Ça rentre dans un monde plus grand

et ils sont même très fiers, finalement, d'avoir le choix, d'être libres de décider de leurs croyances.»
Sylvie Da Rocha revient sur la première fois où elle a enseigné l'évolution. «Je n'ai pas du tout pris de gants, j'ai dit, bon, les sciences disent ça. En face, j'avais une classe qui participait tout le temps très bien mais là, je me suis trouvée face à un mur. Plus aucune intervention. Je faisais cours toute seule. Ce qui n'était vraiment pas habituel, parce que j'ai des élèves très dynamiques, qui posent plein de questions. Je me suis vraiment interrogée. Il m'a fallu inventer. Maintenant quand je commence à parler d'évolution, je dis tout de suite: "Attention, je vais vous exposer des faits, de ces faits partent des hypothèses. Si vous croyez que la terre est faite par Dieu, Allah, ou peu importe, je ne vais jamais vous dire que ces croyances sont fausses. Ce sont vos croyances. Je n'ai pas à intervenir là-dedans. Par contre, je vais vous demander d'apprendre mes cours", comme l'a dit Marie-Laure. De les apprendre, pas forcément d'y croire. Une fois qu'on lance ça, on entend: "Mais au fait, l'homme, est-ce qu'il descend du singe? La Terre, elle s'est créée en quelle année?" Là, ça redevient bien vivant. Juste en prenant une petite précaution.»
«Il ne faut pas couper la parole avec un: "Ce que tu viens de dire n'a pas sa place dans la salle de classe, je te rappelle que l'école est laïque", poursuit Marie-Laure Hilgert. Surtout pas. Certes, l'école est laïque et on y tient énormément. Mais on accueille cette parole. On répond: "Voilà,

ce que tu viens de dire là est une croyance. Tu as tout à fait le droit d'y croire. Je ne suis pas là pour te dire si c'est vrai ou non. C'est ta croyance et tu as le droit de l'avoir. Moi, ce que je vais te présenter là, c'est une réalité qui est basée sur certaines observations. Elle est passée par de la théorie et voilà ce que ça donne aujourd'hui." On apprend à nos jeunes qu'une science, ça change continuellement. Quand ils voient que la science évolue et qu'ils comprennent, à l'inverse, qu'une croyance est toujours la même, ils distinguent les deux choses. On utilise souvent l'image de deux droites parallèles. Elles existent tout aussi bien l'une que l'autre. Elles peuvent exister ensemble, mais ne sont pas sur le même plan. »

## « LA RÉPUBLIQUE N'A PAS ÉTÉ CHASSÉE, ELLE EST PARTIE TOUTE SEULE »

Nous voici de retour avec Jean-Paul Delahaye. De son ton posé d'ancien professeur des collèges, il nous livre son analyse. « Pourquoi est-ce que la laïcité redevient un vrai sujet ? Tout remonte à la fin des années 80, alors que la religion disparaissait progressivement du paysage, ce qui ne veut pas dire qu'il n'y avait plus de croyants, mais que les croyants étaient moins présents dans le paysage. Il y a alors un problème avec une religion, la religion musulmane. Elle est visible et arrive dans un pays qui s'est sécularisé. Elle n'a pas été habituée, historiquement, à cette séparation-là, et a besoin peut-être d'un peu de temps pour s'accommoder d'une république qui a laïcisé ses programmes, ses locaux scolaires et ses personnels. D'une certaine manière, le voile islamique aurait peut-être moins gêné dans les années 30-40, quand les bonnes sœurs portaient encore la cornette et les curés se promenaient en soutane. Donc, il y a eu des affaires de voile dans l'académie d'Amiens, à Creil. Faut-il l'interdire ou pas ? Des établissements l'autorisaient, d'autres pas. C'était une république au cas par cas. La commission Stasi de 2003 et la loi de 2004 ont mis de l'ordre en disant qu'à l'école publique, on ne montre pas son appartenance religieuse quand on est un élève. On n'a pas à savoir si je suis musulman, catholique, juif, protestant. Je suis un élève et je forge ma personnalité à l'abri des prosélytismes. L'irruption dans la sphère publique d'une religion davantage visible aujourd'hui nécessite une adaptation des deux côtés. Il faut que nos concitoyens non musulmans apprennent à cohabiter avec des concitoyens qui ont une croyance particulière, à condition que cette croyance respecte la séparation des Églises et de l'État, l'Église chez elle, la mosquée chez elle et l'État chez lui. Il faut que, de l'autre côté, nos concitoyens de confession musulmane acceptent aussi de vivre dans une république laïque, et à séparer les Églises et l'État, avec un État neutre, qui garantit la liberté et l'égalité. Ça se passe de façon remarquable pour la plupart de nos concitoyens, mais il y a une partie d'entre eux, de confession musulmane, qu'on appelle les islamistes, qui n'acceptent toujours pas cette séparation et avec lesquels il faut encore au minimum avoir un dialogue et plus, s'ils ont l'intention que la loi de leur Dieu soit supérieure à la loi de l'État. On est dans cet état d'esprit aujourd'hui. Il faut que chacun reste à sa place. Cela explique les débats. Je parlais d'instrumentalisation et de perversion de la laïcité. Il ne faut pas se cacher derrière son petit doigt, une partie de nos concitoyens à l'extrême droite se sont découverts laïques parce qu'ils détestent les musulmans. Donc la laïcité est un peu le masque sous lequel ils essaient de cacher leur racisme. Il faut le combattre de la même manière. »

Il a été en particulier marqué par son expérience en Seine-Saint-Denis, lorsqu'il était inspecteur d'académie. « Quand j'ai quitté ce département, un livre est sorti, écrit par plusieurs intellectuels, enseignants, *Les territoires perdus de la République*. Ça m'a mis très mal à l'aise parce que j'ai vu en Seine-Saint-Denis que les territoires n'avaient pas été perdus mais abandonnés. Ce qui n'est pas la même chose. La République n'a pas été chassée, elle est partie toute seule, et ce qui reste de république dans certains territoires, ce sont nos écoles, nos collèges et nos lycées. Les autres services sont partis. Quand la République n'est plus présente, quand la République recule, les Églises avancent, quelles qu'elles soient. C'est ce que Jaurès avait très bien vu en associant question laïque et question sociale. Parce que le champ de mines apparaît quand la question sociale est recouverte par la question religieuse. Le mélange est absolument désastreux pour la République. Comprenez bien mon propos, il n'y a aucune excuse aux violences, aux attentats barbares, aux décapitations. Mais si vous ouvrez un boulevard à ces intégristes islamistes en leur livrant une population désespérée, qui n'a plus de repères républicains, vous leur offrez un terreau idéal pour armer des fous furieux. Encore une fois, il n'y a strictement aucune excuse, la question sociale n'explique pas tout. Certains assassins ne sont pas nés dans nos ghettos. Ce que Jaurès aussi avait bien vu, c'est que la question laïque pourrait être instrumentalisée pour servir de diversion, de manière à ne pas poser la question sociale. En 1905, Jaurès n'avait qu'une hâte, c'est que la loi de séparation des Églises et de l'État soit votée le plus vite possible parce qu'il y avait deux questions sociales qui n'étaient pas encore traitées, les retraites ouvrières et l'impôt. Il savait que si on ne séparait pas très vite les Églises et l'État, on ne traiterait pas ces questions-là. Voilà qui nous parle toujours aujourd'hui, en 2021. »

## LA FORMATION DES PROFS

Mais le constat de Jean-Paul Delahaye est plus large. Il pose clairement la question de la formation des professeurs à la laïcité. « Elle est aujourd'hui l'objet d'un débat au sein de la société. Ce n'est pas facile d'être enseignant quand il existe dans la société des perceptions différentes de ce qu'est la laïcité. On entend tout et son contraire. Ce que les enseignants d'ailleurs nous ont dit en 2018, c'est qu'il faudrait de la part de notre État, et donc de notre ministre, une ligne claire sur ce qu'est la laïcité, de manière à ne pas être perturbé par les discours qu'on entend ici ou là, qui pervertissent la laïcité ou l'instrumentalisent. J'ai appris beaucoup de choses en mettant ce sujet au concours de recrutement des conseillers principaux d'éducation en 2002. On a vu de belles choses dans les 8 000 copies, mais aussi des énormités. On a vu des confusions, des contresens absolus, la laïcité étant confondue avec l'athéisme, par exemple. Pourtant c'étaient des étudiants et le concours est extrêmement sélectif… Être laïque, ce n'est pas être athée. Être laïque, c'est ne rien penser. C'est la République qui est laïque. Vous, vous n'êtes pas laïque, je ne suis pas laïque. Vous êtes croyant, pas croyant, agnostique. Vous faites ce que vous voulez. Mais la République, au-dessus de nous, elle, est laïque. Elle nous permet justement d'être différents. On a pris conscience que notre pays s'était un peu endormi pendant quelques dizaines d'années. On avait pensé que ce principe d'organisation de la République était connu. Ce n'est plus la peine d'en parler. J'étais directeur d'École normale de 1986 à 1990 et c'est vrai que la laïcité ne prenait pas énormément de temps dans la formation. On pensait qu'il n'était pas nécessaire de s'y attarder puisque de toute façon, elle était bien installée dans notre pays. On a pris conscience au début des années 2000 qu'il fallait remettre l'ouvrage sur le métier et, en formation initiale et continue, rappeler ce qu'est ce principe. Après la loi de 2004, on ne vient pas à l'école avec des signes religieux ostensibles. Ça a été vécu comme une interdiction, alors que c'est une loi de liberté. C'est ensuite un principe qui garantit l'égalité entre les citoyens, quelles que soient leurs appartenances politiques, philosophiques, religieuses. Sans oublier l'égalité entre les filles et les garçons. On sentait monter dans les années 2000 des difficultés à être une jeune fille dans certains établissements scolaires. Une pression s'exerçait sur elles. Les filles devaient porter tel vêtement, avoir telle attitude, etc. Pour que cette laïcité qui garantit la liberté et l'égalité ait une vraie réalité, la République a besoin de deux outils : la neutralité absolue de l'État et des fonctionnaires en matière de religion et le principe de séparation des Églises et de l'État. On sépare les croyances des connaissances, et donc on montre à nos enseignants qu'il n'est pas anormal qu'un élève pose des questions en disant : "Mais monsieur, dans ma religion, ce n'est pas ce qu'on dit." Le professeur doit réagir calmement en expliquant : "Oui, c'est ta religion, tu as parfaitement le droit de croire ça si ta religion te le dit mais ici tu es à l'école. Il y a des connaissances scientifiques indispensables à tous, et qui ne dépendent pas de telle ou telle religion." »

Marie-Laure Hilgert confirme cette analyse. « On a vu qu'on ne nous avait jamais enseigné la laïcité à l'IUFM. On ne nous a jamais appris liberté, égalité, fraternité. On vit dedans, c'est marqué au fronton de nos institutions. Mais quand est-ce qu'on explique à un futur enseignant, formateur d'esprit, ce qu'est la liberté ? Ce qu'est l'égalité ? Ce qu'est la fraternité ? Ce qu'est réellement la laïcité ? On est allés se former d'abord nous-mêmes. »

En juin 2021, le ministre de l'Éducation Jean-Michel Blanquer a fini par annoncer un plan de formation sur quatre ans pour les personnels à ce sujet. En espérant que cet enseignement se situera dans la lignée de la loi de 1905, c'est-à-dire ouverte et respectueuse, et non comme une volonté manichéenne de pointer du doigt toute une partie de la population.

## « UN ARBRE QUI TOMBE FAIT TOUJOURS PLUS DE BRUIT QU'UNE FORÊT QUI POUSSE »

Les professeurs ont été en première ligne face aux événements des dernières années, des attentats de 2015 à l'assassinat de Samuel Paty. Ils ont dû en parler avec leurs élèves, à chaud. Des moments difficiles dont se souvient Anne Anglès qui enseignait l'histoire au lycée Léon-Blum de Créteil. « Juste après les attentats, on a essayé de décrypter ce qui se passait. C'était bien compliqué. Il a fallu tenter d'expliquer des choses qu'on ne démêlait déjà pas très bien. Le professeur n'est pas toujours le plus armé pour commenter le temps présent. Il n'est pas journaliste. Il s'appuie plutôt sur du temps long. Par ailleurs, lui demander de décrypter une situation à chaud, avec des élèves, est un pari vain. »

Elle prend l'exemple de l'attentat contre *Charlie Hebdo*. «Toute la France n'a pas manifesté en faveur de *Charlie Hebdo*. Il y a ceux qui étaient dans la rue, et les autres. Je crois qu'on n'a pas assez réfléchi à ce moment-là, à chaud en tout cas, à ceux qui n'y étaient pas. Alors on a projeté sur nos élèves, l'idée qu'à Créteil, par exemple, en banlieue, ils allaient forcément être tous anti-Charlie. Je dirais juste que nos élèves ne connaissaient pas *Charlie Hebdo*, ni les dessinateurs, ni l'économiste Bernard Maris. En revanche, en cours, on était amenés à travailler la caricature. Un médium compliqué à travailler, à décrypter. L'humour y est utilisé comme une arme de combat. C'est forcément politique, forcément engagé. C'est une pensée binaire, comme quand on est militant et qu'on veut faire passer un message percutant. La lessive X lave plus blanc que la lessive Y. C'est une façon de désigner des adversaires, de manière nécessairement manichéenne. Il faut apprendre à décrypter ça. En histoire, l'expérience nous a montré que quand on met une caricature dans un corpus de documents au bac, les élèves ne savent pas très bien s'en servir. Il y a une incompréhension institutionnelle et un emballement médiatique en faveur d'une certaine bien-pensance. Tout le monde ne lit pas *Le Canard enchaîné*. La sidération et l'émotion du monde journalistique sont légitimes, mais de là à pointer du doigt les gamins des banlieues comme on l'a fait en disant qu'ils étaient tous anti-Charlie, qu'ils étaient tous pro-islamistes... Moi, je me souviens que j'avais apporté toute une série de caricatures, de Cabu, de Charb, sur l'école. Puis je leur avais montré la manière dont *Charlie Hebdo* s'en prenait à toutes les formes d'extrémismes. Les catholiques intégristes étaient au moins autant visés que les islamistes. Après, je ne dis pas que j'ai su faire, on a un peu bricolé chacun dans notre coin et c'était pas du tout satisfaisant. Il me semble qu'après en novembre 2015, la situation n'était pas la même. C'était autre chose. Il a fallu consoler les jeunes. On a eu affaire à des classes atterrées, "Mais pourquoi ont-ils fait ça, madame ? Comment peut-on s'en prendre au Stade de France ?" Des formes d'incompréhension. Puis, très vite, il y a eu la peur. Une forme de peur qui a pu s'installer dans un lycée dans lequel on a fait des exercices. Face aux menaces proférées contre des établissements publics et laïques, et puis contre les arts, contre tout ce qui fait qu'on est finalement rattaché à une forme d'identité française, de culture française. »

Dans l'esprit d'Anne Anglès, c'est autre chose qui change aussi. « Je me suis dit que s'il y avait des attentats dans mon établissement, je ne pourrais pas protéger mes élèves, moi qui suis très protectrice et de plus en plus maman. L'école doit être un sanctuaire. Et nous, on est là pour protéger des jeunes. » Elle se rappelle une anecdote qui l'a marquée. « Nous étions dans la salle d'histoire des arts. Elle donne au rez-de-chaussée, deux portes sur le lac et sur le parc. C'est un bâtiment en étoile, donc impossible à garder. Je vois tout d'un coup des ninjas qui déboulent d'un talus, tous en noir. Aucune consigne, rien du tout. Mon réflexe immédiat a été de faire dérouler aux élèves les rideaux métalliques, manuellement, et de bloquer la porte… Le GIGN avait oublié de nous dire qu'il faisait un exercice d'entraînement. C'était terrifiant. Après tu n'en dors plus pendant des jours. Ça montre une forme de vulnérabilité, de peur dans l'établissement. »

C'est pourquoi elle a fini par constituer avec des collègues « une sorte de collectif informel qui s'appelle *Territoires vivants de la République*, qui considère qu'en banlieue comme ailleurs, les élèves sont des élèves. Des jeunes qui apprennent et qui se forment. Ils peuvent exprimer des préjugés, on peut les entendre et les désamorcer. On peut les décrypter, on peut reconstruire des choses avec eux. Rien n'est pire finalement que l'élève silencieux du fond de la classe, qui ne dit rien mais n'en pense pas moins. »

Marie-Laure Hilgert a éprouvé les mêmes difficultés, les mêmes appréhensions dans sa ZEP en Lorraine. «Après l'attentat de Samuel Paty, quand on en a discuté avec les élèves concrètement, on appréhendait. On s'est demandé si ç'allait être comme après les attentats de *Charlie Hebdo*, où il y avait vraiment une incompréhension. Pour eux, les caricatures étaient forcément liées à Mahomet. Cette méconnaissance débouchait sur des dialogues de sourds en classe. Quand on leur a montré ce qu'est vraiment une caricature et la façon dont on peut s'en servir, les dessins sont beaucoup mieux passés. On en a discuté avec eux. Ils ont commencé par nous confier la peur qu'ils avaient éprouvée. On a très vite vu que pour eux, toucher un enseignant, c'était terrible. »

Pour finir, nous voudrions laisser le dernier mot à Mohammed Zouag, le jeune des quartiers de Marseille, ancien élève du lycée Thiers. Quand nous l'interrogeons sur sa vision de la laïcité, il nous répond d'une manière tranquille et assurée. « L'école laïque m'a apporté ce que je ne connais pas. De la même manière qu'il y a différents milieux, il y a différentes croyances. Tu me dis que tu es musulman ou que tu es chrétien. La discussion s'arrête là, je m'en fous. C'est juste pour faire la discussion. Après, je vais te demander quelles sont tes passions ? C'est quoi ta façon de voir les choses ? Ta personnalité ? C'est ça que je veux savoir. Mais ce en quoi tu crois, ce n'est pas mon problème. Ça c'est toi. L'essentiel, c'est que, quand je te parle, je me retrouve en toi. Je trouve une personnalité qui me correspond. Si tu es méchant, que tu sois musulman, chrétien, ou autre, alors tu es juste méchant. Je ne veux pas te parler, pas parce que tu crois en quelque chose mais parce que tu es méchant, c'est tout. Si tu es gentil, que tu es quelqu'un de bien et que je me retrouve dans tes valeurs, c'est bon. Parfois, je ne pose même pas la question. Je connais la personne. Il y a des gens que je connais depuis dix ans sans savoir en quoi ils croient. »

Et de conclure, un brin philosophe : « Une majorité vit dans le plus grand calme et dans le vivre ensemble, que ce soit des musulmans, des chrétiens, des bouddhistes, des juifs... Ils vivent dans le plus grand des calmes. Et dans le plus grand bonheur. Mais comme on dit, un arbre qui tombe fait toujours plus de bruit qu'une forêt qui pousse. C'est triste, mais c'est une réalité. Il faut l'accepter, comprendre. »

Chapitre 6

# UNE ÉCOLE DE LA RÉPUBLIQUE

En France, République et École sont à ce point liées qu'elles semblent nées au même moment. Elles sont quasi systématiquement associées pour souligner que c'est bien à l'école que l'on apprend les fameuses valeurs républicaines, « liberté, égalité, fraternité ». Ces dernières ne sont-elles pas gravées au fronton des établissements scolaires ?

Il n'est point de débat sur l'école qui ne s'achève par cette injonction. Quand, à la rentrée de septembre 2020, une polémique a enflé sur la tenue des jeunes filles qui venaient au collège ou au lycée en crop-top, en décolleté, en jupe ou bien encore maquillées, le ministre de l'Éducation nationale, Jean-Michel Blanquer, leur a doctement rappelé « qu'on vient à l'école habillé d'une façon républicaine »…

« Républicain », le terme est devenu une sorte de mot passe-partout pour imposer une règle (mais laquelle ?), une norme intouchable, et clore la discussion.

## NOTRE ÉCOLE NAÎT AVEC LA RÉPUBLIQUE

De fait, il est certain que notre école gratuite, obligatoire et laïque est la fille de la République. Au début de la IIIe République, l'État vise indéniablement, au-delà de l'instruction, à faire des républicains ; c'est à cela que devait servir l'instruction.

Dans une formule répétée à satiété à la fin du XIXe siècle, Jules Ferry déclarait que la Première République, celle de 1792, avait donné la terre, la Deuxième, en 1848, le suffrage universel. La Troisième, elle, offrirait le savoir.

L'idée de Ferry est aussi simple que lumineuse. Depuis 1789, la France a connu une succession de régimes, Restauration, monarchie de Juillet, IIe République, Second Empire. Si la toute nouvelle république proclamée en 1870 veut s'ancrer, elle doit le faire par l'école. Faire aimer la République pour fonder une nation unie.

L'ambition scolaire du nouveau régime est résumée par Ernest Lavisse, l'auteur des principaux manuels scolaires d'histoire de la IIIe République. Il s'agit d'éduquer les enfants afin qu'ils deviennent de bons citoyens, définis comme tels : « S'éduquer quand il est enfant, s'assurer plus tard que ses enfants le seraient aussi ; remplir ses obligations militaires avec zèle et être toujours prêt à défendre la patrie ; payer ses impôts régulièrement ; voter et élire les candidats les plus honnêtes et les plus capables. »

Le dernier point est particulièrement important. Dans la lutte que mène la République contre ses ennemis, les notables locaux, majoritairement partisans de la monarchie, elle entend permettre aux futurs citoyens d'être capables, grâce à l'école, de lire les professions de foi des candidats et de voter pour le bon candidat, celui qui les délivrera de la tutelle des petits seigneurs locaux.
En ce sens, c'est une véritable émancipation politique dont se sont saisi les électeurs qui ont vu dans le suffrage et le soutien aux républicains un moyen de s'affranchir des potentats de leur village.
Mais comment enseignants et élèves ont-ils vécu cette volonté républicaine ? Autrement dit, quelle incidence a eue cette nouvelle mission de l'école ? A-t-elle été reçue et portée par ceux-là mêmes qui ont fait exister l'école ?

## CELUI QUI INSTITUE LA NATION

Commençons par les enseignants, ceux qui ont véritablement en charge la mission de faire de l'école un creuset républicain.
Leur nom même n'a pas été choisi au hasard. Comme le rappelle Edwy Plenel, « il n'y a pas plus beau mot que celui d'*instituteur*. C'est celui qui institue la nation, comme l'a défini la Révolution française, qui institue la République. Il pose des fondations. Et transmettre des connaissances,

comprendre le présent, comprendre notre histoire, c'est transmettre des outils d'émancipation. »

Ces fameux « hussards noirs de la République », ainsi que les a baptisés Charles Péguy, ont pour rôle de faire aimer la République jusque dans le moindre village.

À travers nos témoins nous avons pu retrouver des descendants de ces hussards noirs, comme Clo Laforge. Elle nous parle de son grand-père et de son père : « Cette expression m'a toujours fascinée. Elle était complètement adaptée en ce qui concerne mon grand-père [instituteur des années 1890 à 1914] et mon père [instituteur des années 1920 jusqu'aux années 1950] qui étaient des hussards noirs. Pour eux, c'était important de suivre les consignes données par la République. On les avait persuadés qu'il y avait une unité à établir dans le pays par la langue, par l'esprit, par le patriotisme et d'autres notions encore censées souder le peuple. Certains instituteurs sont partis dans cette voie comme s'ils partaient en croisade. »

Cette forte adhésion à l'idée républicaine, que confirment les témoignages recueillis par Jacques Ozouf dans son livre *Nous les maîtres d'école, autobiographies d'instituteurs de la Belle Époque*, paru en 1973, nous l'avons nous aussi sentie à travers les interviews réalisées auprès des instituteurs. C'est en particulier à l'École normale, qui forme les futurs maîtres d'école, que cette vision républicaine s'est forgée. Tel a été le cas pour Yvette Chanton, qui a été l'institutrice de René Alibert, notre paysan de la région toulousaine.

Née en 1934, elle entre à l'École normale pour filles de Toulouse à 15 ans, après avoir passé le concours. Pendant trois ans, elle y apprend son métier. Quand nous l'interrogeons sur ce qu'on lui enseigne au début des années 1950, elle livre des souvenirs qui ressemblent grandement à ceux recensés par Jacques Ozouf auprès d'instituteurs du début du XXe siècle. «À cette époque, on nous considérait comme l'élite, le dessus du panier. On était ceux qui allaient répandre la bonne nouvelle dans les villages. Lorsque je suis sortie de l'École normale, il me semblait que j'avais à former des enfants, et à les former non seulement à l'enseignement primaire, lecture, calcul, etc., mais aussi à une certaine notion de vie sociale.»
Quand nous lui demandons ce qu'elle entend par là, elle précise: «Faire des citoyens, puisque lorsqu'un enfant sortait de l'école avec un certificat d'études primaires, il était apte bien souvent à se débrouiller dans la vie. Il savait écrire une lettre, il savait mener un entretien. Je pense que c'était effectivement former des citoyens aptes à se débrouiller dans la vie.»
Même son de cloche à la fin des années 1960, lorsque l'ancien instituteur ariégeois Guy Cirla nous raconte ses années d'École normale à Foix. «On nous disait: "Vous êtes une élite et vous avez une image de l'école publique, laïque, républicaine à faire respecter." Tous les mardis, avant de manger, on avait droit à une allocution du directeur de l'École normale. Il nous faisait des analyses de politique,

des analyses de responsabilité. Il ne disait pas : "Vous êtes l'émissaire de la République", mais pas loin. Vous entrez dans une profession qui n'est pas ordinaire. Vous devez faire honneur à votre institution et à votre École normale. »
Ce qui l'a le plus marqué, c'est le code vestimentaire qu'il était obligé de suivre, signe du prestige républicain de la fonction. « Quand vous sortez en ville, vous devez avoir un comportement exemplaire. Vous ne pouvez pas sortir sans la cravate et le chapeau. Quand on a 15 ans en 1965… Le chapeau, on arrivera à s'en débarrasser assez vite mais l'intendant réclamait qu'on ait la cravate, même pendant les cours… »
Le témoignage le plus frappant est sans aucun doute celui de Jean-Paul Delahaye. Né en 1951, il est issu d'un milieu très modeste. Sa mère l'élève seule ainsi que ses frères et sœurs, depuis que son père est parti. En 1966, il est reçu au concours de l'École normale à Amiens. « Le directeur a immédiatement envoyé une lettre pour convoquer tous les parents d'élèves parce qu'il tenait à voir ceux de ses nouveaux normaliens. Tel jour à telle heure. Cela a été un peu compliqué pour ma mère. Elle n'était jamais venue à une réunion de parents d'élèves. Elle ne se sentait pas en capacité de le faire. Elle disait : "Regarde mes cheveux, comme je suis habillée, comment je suis chaussée." Elle perdait ses dents. En revanche, elle s'est toujours intéressée de très près à ma scolarité. Il fallait que je lui montre mes livrets scolaires régulièrement. Mais là, elle a compris

que le directeur disait : “Attention, votre présence est indispensable.” Une voisine lui a fait une mise en plis, une autre lui a prêté des habits. Une gabardine, je m’en souviens très bien, parce qu’il pleuvait ce jour-là. On est partis ensemble en train à Amiens. On sort de la gare, on remonte la rue Jules-Barni. De loin, on voit l’École normale, un magnifique bâtiment en craie et en brique rouge. On entre dans une cour carrée avec des arcades, une galerie tout le long et au milieu, un jardin avec du buis. Les écoles normales, ce sont des séminaires laïques… Des normaliens et leurs parents sont déjà là. Le silence est impressionnant. Le directeur sort de son bureau et demande aux parents de le suivre dans une grande salle, qui était une salle de musique. Il nous dit : “Vous, les nouveaux normaliens, restez là, je veux voir d’abord vos parents.” Ça dure à peu près une demi-heure. Ma mère ressort de la salle, transfigurée, comme si elle avait eu une révélation. Elle me dit : “Si tu savais ce qu’il nous a dit, vous allez être en mission pour la République. C’est une grande chance d’être instituteur. Vous allez former des générations”, le mot *république* revenait sans cesse et elle, d’un seul coup, prenait conscience de ce qui était en train de se passer pour son fils. »

Nous lui demandons comment il a vécu cette expérience. « J’avais 15 ans, pratiquement 16. Alors, le mot République, je ne peux pas dire qu’à l’époque il représentait beaucoup pour moi. Je ne peux pas dire non plus que j'avais la vocation. Six mois avant de passer le concours d'entrée à l'École normale, je ne savais même pas que c'était possible. En revanche, j'avais vraiment le sentiment très profond que c'était la seule façon pour moi d'aller jusqu'au baccalauréat. L'École normale a été pour moi ce qu'on appelle aujourd'hui, je déteste ce mot, un internat d'excellence. »

Jean-Paul Delahaye nous décrit l'enseignement dispensé dans cet établissement : « On nous faisait comprendre qu'on allait jouer un rôle important dans la République et dans l'école de la République en particulier. C'est un travail continu qui se fait à l'École normale, dès les classes de seconde, première, terminale, dans les enseignements du français, des mathématiques, de l'histoire-géographie, des sciences. Les professeurs attiraient régulièrement notre attention : "Ce que je suis en train de faire avec vous, là, en histoire, vous verrez quand vous le ferez en CE2, ou quand vous le ferez en CM1, vous vous y prendrez de telle et telle manière." Il y avait une sorte d'imprégnation permanente qui nous donnait envie d'aller faire ce métier parce que décidément, notre rôle serait extrêmement important. Et puis, sachant que les normaliens et les normaliennes de l'époque venaient généralement de milieux modestes, c'était une vraie promotion sociale que de devenir instituteur. »

Cette ascension se manifeste aussi par la considération dont nos instituteurs jouissent dans les villages où ils sont nommés. Yvette Chanton se souvient encore de l'arrivée dans son premier poste. « Le statut d'instituteur était très apprécié, j'allais dire, très couru. Lorsque vous arriviez dans un village, vous faisiez partie des notables. Monsieur le maire, monsieur le curé et l'instituteur… » Elle sourit en repensant à ses débuts. « Je me souviens que les gens étaient très respectueux. "Madame l'institutrice". Lorsqu'on a 20 ans et qu'on se sent, comment dire ?, respectée, honorée par les gens du village, c'est un peu impressionnant. On l'accepte parce qu'on sait que c'est le statut qu'on a choisi. Mais c'est vrai que c'est surprenant, presque angoissant. »

C'est que dans les années 1950, une institutrice représente encore la République aux yeux des habitants de son village, près de Toulouse.

De fait, la conviction républicaine d'aller former des élèves citoyens, d'aller porter la bonne parole, comme en plaisante Yvette Chanton, va s'estomper par étapes. En 1977, la disparition du concours en 3e qui repousse l'entrée à l'École normale après le baccalauréat marque un véritable tournant. Ce sont à la fois la fin des études payées à partir de 15 ans et celle de l'internat. Cela change la sociologie des élèves recrutés. Les futurs instituteurs sont de moins en moins issus de milieux populaires. Ils sont remplacés par des jeunes issus des classes moyennes ou plus, qui se présentent souvent faute d'avoir réussi dans d'autres voies.

Le métier se féminise. Beaucoup de femmes de cadres y trouvent un salaire d'appoint et des horaires qui leur permettent de s'occuper de leurs enfants.
Ces nouveaux enseignants n'ont plus la même compréhension, le même contact direct avec les enfants des classes populaires auxquels ils enseignent et la vocation n'est pas forcément au rendez-vous.

## APPRENDRE LA RÉPUBLIQUE

On l'aura compris, pour ces instituteurs et institutrices, faire aimer la République, c'est enseigner des valeurs communes qui permettent à leurs élèves de s'intégrer à la nation.
Du côté des élèves, c'est ce même ressenti qui frappe. René Alibert nous le rappelle. Élève d'Yvette Chanton, notre fils de métayers toulousains nous dresse le portrait d'une vie paysanne rude et encore très repliée sur elle-même dans les années 1950. « Le plus difficile pour nous, c'était l'absence d'informations. Pas de radio. Pas de journaux. J'avais 14 ou 15 ans quand mes parents ont acheté la première radio, surtout pour avoir de la musique. On écoutait les informations une fois par jour, le soir. Papa lisait le journal *La Terre* [un journal communiste à destination des paysans], on y jetait un coup d'œil, mais on n'était pas très intéressés par tout ça. On vivait à la campagne, sans s'occuper de ce qui

se passait ailleurs. L'évolution a été rapide. En 1960 déjà, c'était plus facile d'être informé. »

Dans ces conditions, l'école permettait à la fois d'avoir un contact, même minime, avec l'extérieur, mais aussi de se sentir, à travers l'enseignement reçu, membre d'une communauté plus large. « Nous nous rendions à l'école à 9 heures, se souvient René Alibert, et nous avions pour commencer une leçon de morale. Il y avait une phrase écrite au tableau. Sur la politesse, par exemple, sur le civisme, sur ce qu'on devait faire pour être honnête. L'honnêteté, ça c'était important. À la suite, il y avait l'instruction civique, qui nous apprenait un peu la République et la démocratie. »

## LE DÉSENCHANTEMENT RÉPUBLICAIN

À l'époque de René Alibert, dans les années 1950, cet enseignement républicain vit ses dernières heures. Son âge d'or est passé. Il a démarré dans les années 1880 pour durer une trentaine d'années. Durant cette période, l'idéalisation de la République s'est traduite dans les faits par un patriotisme marqué. La glorification des valeurs républicaines s'accompagne de celle de la France, la nation a réussi à inventer et mettre en pratique un régime à tel point parfait. Dans l'enseignement des instituteurs, notre pays est devenu la patrie de la liberté, de l'égalité et de la fraternité. Le républicanisme s'est mué en un chauvinisme croissant. Certes, il n'y a rien d'agressif ni de belliqueux dans cette vision d'une France idéale. C'est d'abord et avant tout la certitude qu'elle est le phare de l'humanité, comme la liberté guide le monde. La meilleure preuve de ce patriotisme « pacifiste », est le fort courant antimilitariste qui anime nombre d'instituteurs en ce début de XXe siècle.

Mais la Première Guerre mondiale porte un coup sévère à cet enseignement. Nombreux sont les instituteurs qui, revenus du front en 1918, s'interrogent sur l'instruction qu'ils ont donnée à leurs élèves. N'est-ce pas ce « bourrage de crâne » patriotique qui a conduit les Français à partir la fleur au fusil en 1914, puis à accepter quatre années de boucherie ? L'enseignement républicain ne devait-il pas précisément éradiquer cette volonté guerrière ?

Sa remise en cause se poursuit tout au long du XXe siècle, à mesure que la politique des différents gouvernements républicains s'écarte des grands principes de la République. Les scandales liés à la corruption dans les années 1930, l'instabilité et les alliances politiciennes de la IIIe et de la IVe République et surtout la colonisation et la décolonisation marquées par des guerres violentes contribuent à « désenchanter » les valeurs de la République française. Difficile en effet de croire en la liberté, l'égalité et la fraternité quand la raison d'État prend le pas sur les valeurs. À mesure que la République s'enlise dans la réalité géopolitique, l'enseignement républicain à l'école se fait plus discret.

Surtout, avec le temps, les principes républicains se sont solidement ancrés dans la société française au point d'aller de soi pour une très large majorité de la population. Aussi le retour en force ces dernières années de la dimension républicaine de l'école pose-t-il question. De quel enseignement parle-t-on ? De quoi la République est-elle aujourd'hui le nom ?

Loi sur les séparatismes, formation à la laïcité… On devine sans peine ce qui se dessine derrière cette incantation aux valeurs républicaines. Les tenants de cette ligne adoptent la posture des dirigeants de la IIIe République. Il s'agit officiellement d'inculquer les valeurs républicaines à toute une frange de la population qui ne les aurait pas intégrées. En gros, les enfants de banlieue, et plus précisément les descendants des immigrés, qui par la culture et la religion d'origine de leurs parents seraient étrangers aux principes républicains.

Cette République réduite à sa seule expression de domestication des classes populaires, c'est celle que brandissent comme un totem nombre de partisans d'un retour à l'ordre et à la discipline. Ordre dans les tenues, discipline inculquée dans les sermons sur la laïcité, le séparatisme, une sorte de morale étroite distribuant le bien et le mal, sans même se soucier de la conformité du réel avec les principes affichés. L'école, en particulier dans les ZEP devenues REP et REP+, démontre chaque jour qu'il n'y a ni liberté, ni égalité, ni fraternité concrètes dans ces lieux d'assignation et d'abandon.

Il est d'autant plus étonnant de vouloir marteler sans cesse la République à cette frange de la population que c'est parmi elle que l'on rencontre ceux qui y croient le plus fortement. C'est un phénomène que nous avions déjà remarqué en réalisant notre série sur l'immigration en 2017. Il n'y a rien de surprenant à cela. L'application réelle des principes affichés de la République sont pour les immigrés et leurs descendants la plus sûre garantie d'avoir les mêmes droits que le reste de la population. Un bon exemple nous est fourni par Ahmed Dramé, le jeune comédien qui avait failli ne pas aller en lycée général après l'orientation en 3e. Lorsqu'il découvre qu'il est victime au mieux d'une erreur, au pis d'un choix volontaire de l'envoyer en section professionnelle, il en parle à sa mère. « Elle qui avait foi en cette école de la République, m'a dit : "Si tu es véritablement victime d'injustice, on va aller demander au collège." On a rencontré le principal. Je m'attendais à ce que ma mère s'explique, à ce qu'il y ait une petite bataille, mais ça s'est arrangé tout de suite. Le principal a convenu de l'erreur sans discuter. »

## DU BON USAGE DE LA RÉPUBLIQUE

Mais faut-il pour autant abandonner toute référence à la République, sur laquelle notre école s'est construite ?

Les deux sont intimement liées, pour le meilleur comme pour le pire. Le pire, ce sont les grandes heures du bourrage de crâne républicain qui ont conduit à la Première Guerre mondiale. Le meilleur, c'est lorsque qu'elles conduisent ensemble à l'émancipation.

L'histoire d'Edwy Plenel et de son père, Alain, est à cet égard éclairante. Lors de notre rencontre à Médiapart, il la resitue dans un contexte plus général : « Souvent, je me dis que la promesse d'une République vivante, démocratique, sociale, c'est la promesse d'égalité. Sans distinction d'origine, de condition, de sexe, de croyance, de genre, d'apparence, de culture. Nous sommes égaux. Mais le sens de cette égalité, c'est de ne pas être assigné à résidence. De pouvoir bouger. Et on bouge par les savoirs qu'on acquiert. D'où l'idée de l'école libre, gratuite et obligatoire. On doit posséder ces savoirs et on doit y avoir accès, tous tels qu'on est. Pour moi, le synonyme d'émancipation, ne pas être assigné à résidence, ne pas être emprisonné dans sa condition, dans son sexe, dans son genre, dans sa croyance, dans sa couleur de peau, dans tout ce que vous voulez, c'est le déplacement. On va pouvoir bouger. Toute l'histoire d'école des Plenel, jusqu'à l'histoire très symbolique de mon père, qui sera vice-recteur, inspecteur d'académie et qui va être affecté dans le monde francophone, c'est une histoire de déplacement. L'histoire de l'école républicaine, c'est l'histoire d'une république qui ouvre. Qui coupe les barreaux. Qui fait tomber les murs. Donc on se déplace et parfois dangereusement… »

En 1955, son père devient, à 32 ans, le plus jeune vice-recteur d'académie. Il est nommé en Martinique. « Pendant les cinq ans où il est en poste, il développe l'école comme jamais. Construire, inaugurer toutes sortes d'écoles primaires, de groupes scolaires, penser la projection sur l'enseignement secondaire avec la démographie et avec le développement d'une éducation de masse. » Il s'occupe aussi activement de l'enseignement professionnel. « Il était pour l'enseignement généraliste, l'accès à toute la culture, mais disait également que chacun devait avoir accès à un métier. C'était ça aussi, être un administrateur. C'était au fond concevoir l'école, non pas à l'image des meilleurs éléments, de ceux qui s'adaptent, de ceux qui sont bien nés, de ceux qui ont quelqu'un qui les aide à faire les devoirs à la maison, de ceux qui sont accompagnés, mais d'abord pour le plus grand nombre. Pour le souci du plus grand nombre. » Son travail ne se limite pas simplement aux structures. Il s'attaque aussi au contenu de l'enseignement. « Mon père a voulu qu'il y ait des manuels scolaires qui parlent de la Martinique, de son histoire, de sa géographie, de son milieu naturel. Dans les pays que colonisait la France, et cela existe toujours puisqu'il y a encore des territoires d'outre-mer, l'école ignorait les sociétés qu'elle colonisait. Celle à laquelle il fallait assimiler les populations colonisées, c'était la société française. La langue française, la littérature française, mais pas seulement, les paysages français aussi. J'ai connu dans les petites classes des manuels présentant les quatre saisons. Mais aux Antilles, il n'y en a que deux. L'hivernage et la saison sèche. Les Antilles sont une terre de cyclones, de tremblements de terre, de volcans, de raz-de-marée. Ce n'est pas tout à fait comme sur le territoire français. Donc Alain Plenel a voulu qu'il y ait des manuels décrivant le milieu naturel local. Des manuels qui en même temps parlent du monde francophone et de la France, puisqu'elle est la puissance tutélaire. Mais c'était une révolution d'impulser ces manuels-là. Être de plain-pied à l'école et faire que les enfants ne soient pas dans un univers exotique. L'exotisme, c'était de nous raconter l'hiver. C'est très important que le manuel parle de la réalité, qu'il n'impose pas un savoir abstrait venu d'en haut, mais que ce savoir se construise avec la connaissance du milieu naturel. C'est une démarche qui rejoint celle des pédagogies actives, de l'éducation nouvelle, des mouvements pédagogiques comme le mouvement Freinet. »

Mais en 1959, la jeunesse martiniquaise se soulève. Elle réclame que l'île, devenue en 1946 un département français, soit traitée à égalité avec les autres départements. C'est une revendication républicaine mais la répression fait plusieurs morts. «Trois jours après, mon père ira inaugurer une école dans la commune du Morne-Rouge. Au cours de son discours, il critiquera cette répression. Il prendra la défense des jeunes qui ont été tués. Il déclarera son amour à la Martinique. Les enseignants l'applaudiront et il terminera en proposant que le groupe scolaire porte le nom d'un des jeunes martyrs de cette répression, Christian Marajo, qui avait été tué en sortant du collège alors qu'il n'avait rien fait. Mon père, haut fonctionnaire, va aller jusqu'au bout de sa mission, en se rangeant du côté du peuple souverain et de la jeunesse. Du coup, il sera très mal vu par l'État, qui se sent propriétaire de ce fonctionnaire. Qui pense que ce fonctionnaire doit savoir se taire, fermer les yeux sur ce qui dérange. En janvier 1965, un arrêté signé par de Gaulle le casse et le renvoie comme professeur au lycée de jeunes filles de Clermont-Ferrand. Son empreinte reste très forte pour moi, évidemment, parce que c'est mon histoire personnelle, mais je crois qu'on est tous construits par des exemples de ce genre. De gens qui vont au bout de leurs libertés et de leurs responsabilités. C'est ce qu'a fait Alain Plenel au nom des idéaux et d'une école émancipatrice. »

## AU SERVICE DES CITOYENS

La République, ses idéaux plutôt que l'État, voire l'opposition à l'État lorsque celui-ci trahit les valeurs républicaines, tel est le sens de l'action du père d'Edwy Plenel. Margot Abbara, la jeune femme qui vient de passer son concours pour devenir professeure des écoles, ne dit pas autre chose : « J'ai moins le sentiment de servir la République que de servir la société, au sens d'un ensemble de citoyens, même si en tant que professeur, on est fonctionnaire, représentant de l'État, des valeurs de la République – que je trouve fondamentales et qu'on a raison de défendre. Mais pour moi, c'est plus faire de l'éducation populaire, c'est-à-dire, avec et en direction des citoyens. »

Alors oui, la République est toujours d'actualité dans l'école, mais pas celle définie par un État, toujours susceptible de l'instrumentaliser. Les valeurs de la République, si elles ont toujours un sens, sont celles universelles d'émancipation et de fraternité, comme le résume le physicien Étienne Klein. « Pour moi, la République a à voir avec l'école. La République est un lieu au sein duquel, même quand on a quitté les bancs de l'école, on peut continuer d'apprendre. Parce que les connaissances peuvent circuler librement, sans entraves, sans obstacle philosophique, idéologique, religieux. Selon moi, l'idée de République a à voir avec l'idée de connaissance. La République est un lieu où se pratique notamment ce que Bergson appelait une *politesse de l'esprit*. C'est-à-dire que, même si je n'ai pas fait les mêmes études que vous, je dois pouvoir vous parler de ce que je fais. Et vous qui faites autre chose que moi, vous devez pouvoir me parler de ce que vous faites. Le fait qu'on soit tous passés par l'école républicaine enfant ou adolescent nous lie pour toujours. Même si on a des parcours complètement différents. Une fois qu'on est sorti, on est à égalité dans la République. Moi, je fais de la physique, je peux parler, d'ailleurs je le fais, à mon camarade boulanger qui se passionne pour l'astrophysique pendant son temps libre. On discute. Il m'apprend comment il fait du pain. C'est tout un art que je ne maîtrise pas du tout. On a tous à apprendre les uns des autres. Je pense que l'école est le creuset qui doit imprimer cette idée dans tous les esprits. Si elle ne le fait pas, il me semble qu'elle trahit sa mission, telle qu'on peut la comprendre en tout cas dans une république. Une véritable république. »

C'est également ce que dit, différemment, Marion Ricault, une toute jeune femme qui débute sa première année d'institutrice. « Ma mission, c'est de partager les valeurs de la République. Ce sont des choses auxquelles on adhère. Il faut faire autre chose si on n'est pas du tout d'accord avec ce qu'on enseigne. Ce que je veux transmettre, notamment à travers les principes de liberté et de laïcité, c'est le vivre ensemble. On constate bien à l'école qu'on est tous différents. Pour vivre ensemble dans notre pays, on est obligé de tous s'accepter et d'être ouverts d'esprit. D'accepter les enfants différents de soi. De les comprendre et ne pas les juger. »

Les héritiers des hussards noirs sont aujourd'hui dans les collèges et les lycées de banlieue, ou des zones dites difficiles. À travers leurs discours, on peut sentir leur attachement aux valeurs de cette république universelle, celle qui ne transige pas avec les principes.

Ainsi Anne Anglès, l'ancienne professeure d'histoire-géo d'Ahmed Dramé. Elle prend avec ardeur la défense du bac pour 80 % et plus d'une classe d'âge. « Qu'on soit même au-delà me paraît légitime dans une république dont les valeurs sont liberté, égalité et fraternité. J'aimerais bien qu'on n'oublie pas ces deux dernières valeurs. Ça me paraît essentiel que le bac soit un objectif pour une majorité d'élèves, puisque c'est un passeport pour la suite. Au nom de quoi priverait-on certains jeunes de ce passeport ? »

## LIBERTÉ, ÉGALITÉ, FRATERNITÉ

Ainsi la République à l'école, ce n'est pas tant défendre et apprendre les vertus d'un régime, que de mettre en pratique, concrètement, dans les établissements et dans les programmes les valeurs républicaines.
C'est le cas de Nathalie Broux, professeure de lettres dans un microlycée au Bourget. Elle nous retrace sa carrière ces dernières années et ses difficultés face aux soubresauts de la société. « Je suis titularisée en septembre 2001, dans un lycée sensible, prévention violence tout ça, à Épinay-sur-Seine. L'histoire de France de ces dernières années, c'est un lieu d'observation important pour un intellectuel ancré dans son époque, dans son monde, un professeur qui veut transmettre les valeurs de la République. Moi, j'y crois aux valeurs de la République. Je les porte. Donc, septembre

2001 : il faut réfléchir… 2002 : second tour de l'élection présidentielle. 2003 : Ni putes ni soumises, je me souviens très bien de ce mouvement. Qu'est-ce que ça veut dire, ça ? Est-ce que je suis d'accord ou non ? 2004 : la loi sur le port des signes religieux à l'école. 2005 : les émeutes. Toutes ces questions de société font réfléchir. La jeunesse s'interroge face à toutes les promesses plus ou moins tenues de la France… »

Nous lui demandons comment faire vivre au quotidien ces valeurs de la République auxquelles elle est attachée. « Des objectifs, il y en a plein, mais je peux les résumer à travers liberté, égalité, fraternité. J'aime bien le terme de promesse républicaine. On essaye de l'incarner avec mes collègues, avec nos projets, notre manière d'enseigner, puisqu'il y a aussi des équipes qui se forment, qui créent des alchimies particulières. En tout cas il faut essayer de l'incarner collectivement, on ne peut pas tout seul. C'est un métier où il faut apprendre à construire ensemble. La promesse républicaine est défaillante, elle est parfois tronquée. Mais même si elle n'est pas réelle, c'est un horizon. La liberté est un combat très important, ça veut dire l'émancipation par le savoir, par le droit, l'émancipation des jeunes filles notamment, le franchissement des frontières intellectuelles, la liberté de conscience. La vraie liberté, c'est celle de penser. Ensuite, il y a l'égalité. Bien sûr, c'est un horizon qui n'est jamais atteint, par définition, mais quand même, pour moi, le service public, c'est amortir les inégalités, faire société autrement que par une juxtaposition d'individus. Il y a aussi les enjeux d'égalité filles/garçons, et d'égalité selon le milieu social. Cet horizon d'égalité, il ne faut jamais l'abandonner. C'est ce qui permet de résister, par exemple, à la tentation du tri des élèves. Enfin, il y a la fraternité. Je crois que c'est mon mot préféré. Je devrais dire aussi sororité parce que c'est important, mais la fraternité, pour moi, c'est faire société, et ça commence à l'école. Ce n'est pas dire aux élèves : "Je te prescris de la République, je te prescris une petite dose de liberté, d'égalité, on fait un peu d'initiation à tout ça. Et puis tu remplis bien tes valeurs, tu fais bien tout ce qu'on te dit." Il faut incarner ces valeurs. Il faut leur donner corps une première fois et la première fois, c'est à l'école, cet espace de moins en moins isolé, sécurisé. J'aime bien cette école un peu à l'ancienne où on ferme la porte et on est tranquille. Il s'y déploie un espace fraternel, composé de cette mixité. Comme pour tous les gens à la fois optimistes et pessimistes, pour moi l'éducation, c'est Sisyphe. Le rocher retombe. On a des moments de désespoir. Parce qu'on vit la société dans le ventre. Parfois c'est difficile pour nous parce que c'est difficile pour eux. »

Par bien des aspects, cette école laïque, gratuite et obligatoire apparaît comme le dernier pilier de la République, là où tous les autres services publics ont disparu.

## UN FONDS COMMUN D'INSTRUCTION

Faire vivre les valeurs de la République non dans un cours d'instruction civique mais au concret, au sein de l'école, et aussi au-delà. Jean-Paul Delahaye, ancien inspecteur d'académie, résume bien le contenu de ce que doit être cette fameuse République : ce n'est pas l'école qui sauvera la République, c'est trop lui demander, mais elle peut utilement la relayer et en faire sentir concrètement l'importance. « Il ne peut pas y avoir de république s'il n'y a pas du commun entre les citoyens. Ce commun entre les citoyens, c'est évidemment la scolarisation avec le plus possible de mixité sociale et scolaire. Ça veut dire la plus grande attention portée à celles et ceux en difficulté. Tout le monde, au moins pendant le temps de la scolarité obligatoire, a droit à ce fonds commun d'instruction, que l'on doit à l'ensemble des citoyens. Il ne peut pas y avoir de république si, dès cette scolarité obligatoire, vous avez partagé, divisé, trié, sélectionné les enfants essentiellement en raison de leur origine sociale. On ne fait pas république quand on ne scolarise pas ensemble les enfants. Un de mes combats, c'est effectivement l'hétérogénéité des classes, avec le plus possible de mixité sociale et scolaire, sachant qu'elle ne nuit à personne. »

Et si Jean-Paul Delahaye avait raison ? Si la République, c'était avant tout faire une école commune, mélangée, à l'image de la population ? Une école pour tous sans exclusion, ni sélection, ni différenciation. Faute de quoi la République risque de n'être qu'un vain mot, ou plutôt une arme au service de l'État pour contrôler, encadrer une partie de la population. « Si la République ne fait pas vivre les belles valeurs de liberté, d'égalité et de fraternité, celles-ci n'ont aucune ou très peu d'existence réelle dans la vie des gens, poursuit Jean-Paul Delahaye. Quelle liberté aujourd'hui pour les dix millions de pauvres dans notre pays ? Quelle égalité, quelle fraternité pour les exclus, pour les chômeurs de longue durée, etc. ? On voit bien qu'il y a, pour une partie de nos concitoyens, une non-réalité de ces belles valeurs que nous proférons, et que nous avons inscrites au fronton de nos établissements publics. Si ces citoyens ne se retrouvent pas dans une identité, une identité républicaine qui n'a pas grand sens dans leur vie quotidienne, vous les poussez à se construire d'autres identités… »

Chapitre 7

# ENSEMBLE OU SÉPARÉS ?

C'est une petite musique qui se fait entendre depuis plusieurs décennies. L'école publique, l'école de la République ne remplirait plus sa mission. Que l'on accuse le manque de moyens ou le manque d'implication des professeurs, que l'on dénigre ses programmes inadaptés au monde de l'économie ou que l'on déplore son niveau, peu importe : toutes les raisons sont avancées pour retirer son propre enfant de cette école.

## « UNE RÉPUBLIQUE DE CORSAIRES QUI FLOTTAIT SUR LES EAUX »

La mode aux pédagogies alternatives est ainsi très forte : Montessori, Steiner, Decroly… Ceci n'est pas nouveau. La plupart de ces écoles ouvrent au lendemain de la Première Guerre mondiale en réaction à cette immense boucherie. Elles connaissent un regain certain dans la foulée

de Mai-68. C'est ainsi que Jul, le dessinateur, se retrouve dans une école Decroly. « Ni moi, ni mes frères n'avons expérimenté d'école classique. Rentrer dans une école un peu en marge, un peu alternative, est assez difficile car certaines sont privées. Dans ce cas-là, les gens payent, mais même pour ce genre d'établissements il y a beaucoup de demandes. L'école Decroly où j'étais est une école publique. Les élèves acceptés étaient tirés au sort, j'ai eu la chance que ça tombe sur moi. Ensuite, assez naturellement, mes frères y sont rentrés aussi. Il y avait une espèce de système de regroupement familial. »
Nous lui demandons comment ses parents ont eu l'idée de le présenter à l'école Decroly. « Quand ils se sont rencontrés, quand ils sont venus en France, ils ont découvert dans le sillage de Mai-68 toute l'ébullition, tout le bouillonnement qu'il pouvait y avoir autour de ces questions d'éducation, de politique, de contestation de l'ordre établi, de modèles alternatifs… Ils se sont passionnés pour ça. On s'est rendu compte que l'école, ça pouvait être aussi une façon de changer la vie. Ils voulaient changer la vie, un peu de manière révolutionnaire. Évidemment, ça commençait par ces bases-là, au moment où on s'éveille au monde, où on apprend les règles des rapports sociaux, le lien au savoir. L'école était capitale. Pour mes parents, ce n'était pas juste une formalité à passer pour les enfants. Il y avait un vrai enjeu. Pas parce qu'ils avaient un désir d'ascension sociale, mais parce que, tout simplement, ils cherchaient

vraiment à trouver une autre façon d'éduquer les enfants, de les instruire. Et ça ne pouvait pas se faire dans le système classique. On habitait dans une cité HLM à Champigny, les Boullereaux, coincée entre l'autoroute de l'Est et le chemin de fer. Un endroit pas terrible, pas très riant. Il était hors de question pour mes parents de nous mettre dans l'école du quartier, en bas des tours. Lorsque j'ai été pris à Decroly, puis mes frères, on a dû aller tous les jours à Saint-Mandé, à deux communes d'écart. Ça représentait un petit trajet en voiture. Mes parents qui avaient des horaires de prof, nous amenaient alternativement. De temps en temps, c'était les voisins qui nous rendaient service. De la maternelle à la troisième, j'ai fait ce trajet Champigny-Saint-Mandé, puis ensuite Joinville-Saint-Mandé quand on a déménagé. C'était vraiment les 20 minutes d'embouteillages statutaires. »

Il nous raconte sa scolarité. « L'école Decroly doit son nom à un pédagogue belge d'avant-guerre, Ovide Decroly. Elle fait partie de toute une galaxie d'écoles de pédagogie active, comme ils les appelaient. Il y avait les écoles Freinet, les écoles Steiner, les écoles Montessori, qui sont bien plus célèbres parce qu'elles ont essaimé un peu partout dans le monde. Il y a quatre écoles Decroly dans le monde entier, en tout et pour tout. Le slogan de l'époque, c'était l'école de la vie par la vie. On part de l'expérience personnelle, des centres d'intérêt, des tempéraments de chaque individu et on pousse au maximum le développement des affinités.

À partir de là, on greffe plein d'autres savoirs. Quand moi je suis arrivé dans les années 70, après Mai-68 donc, une autre forme de rapport au monde s'était construite sur cette base-là. Il n'y avait pas de hiérarchie. On tutoyait les profs. Les élèves avaient vraiment une voix dans leur apprentissage. Entre la sixième et la troisième, je suis passé directement de l'Égypte antique à la Révolution française, sans rien étudier au milieu. La notion de programme n'existait pas. Il n'y avait pas de hiérarchie entre les matières non plus. Faire de la photo, de la sculpture, du dessin, fabriquer des échasses ou élever des pigeons, était aussi important que faire de la trigonométrie. Alors, voilà, on fabriquait un petit peu nous-mêmes nos emplois du temps avec ce qu'on nous proposait. Il n'y avait pas de notes non plus. C'était très important, une idée vraiment politique qui consiste à ne pas du tout être dans la compétition. Finalement, quel intérêt de noter une progression ou une stagnation d'un élève par rapport à celles des autres ? L'essentiel, c'est son propre itinéraire, la façon dont on ressent les choses. On n'avait pas tous à apprendre à lire en même temps par exemple. Chacun suivait son propre développement. Il y a des gens qui apprenaient deux ans avant, deux ans après, et ce n'était pas grave. On ne redoublait pas. On se serait cru dans un roman de Roald Dahl un peu magique. Souvent, les écoles expérimentales ont des allures de secte, refermées sur elles-mêmes, avec leurs idées généreuses, révolutionnaires, mais un peu déconnectées du monde extérieur. Effectivement, le monde extérieur nous paraissait comme une bizarrerie. On plaignait sincèrement tous les gens qui se retrouvaient dans un collège normal. On ne savait pas comment ils faisaient pour survivre et on pensait vraiment que c'étaient des équivalents de pensionnat, avec des châtiments pour les enfants, bref, que c'était le bagne. On était les seuls libres, d'une certaine façon, une espèce de république de corsaires qui flottait sur les eaux. »

Au final Jul tire un bilan positif de cette expérience. « On savait que, de toute façon, la scolarité s'arrêtait en troisième. On allait devoir affronter le grand ailleurs. Finalement, moi, quand j'ai quitté l'école Decroly et que j'ai vu vraiment ce qui se passait dehors, j'ai été agréablement surpris puisque j'avais pensé que ce serait pire. Tous les gens qui sont passés par cette école n'ont pas eu des itinéraires semblables, mais ils ont en commun d'avoir été cohérents avec eux-mêmes, de ne pas s'être menti, de ne pas avoir voulu se conformer à une volonté extérieure. Ils sont devenus ce qu'ils avaient à devenir. Qu'ils aient fini clodo dans le métro, comme certaines personnes avec qui j'ai étudié, ou au contraire qu'ils aient fait des carrières éminentes, ils s'intéressaient au monde extérieur. Ils n'avaient pas l'impression d'avoir fait les choses pour faire plaisir à d'autres. Cette cohérence par rapport à soi, c'était la grandeur et la beauté de ce système. »

Jul a par la suite suivi un parcours d'excellence : école Alsacienne, Normale sup, agrégation…

## L'ÉMERGENCE DES « DYS »

C'est qu'avec Mai-68 et la crise des années 1970, de plus en plus de parents ont cherché une solution individuelle pour leurs enfants. Nous avons vu dans le chapitre 5 comment l'école privée s'est autoproclamée libre quand elle est apparue comme une alternative à l'école publique aux yeux de certains, dans leur souci d'offrir le meilleur avenir scolaire possible à leur progéniture.

Peu à peu, l'école publique a été perçue comme incapable d'assurer cet avenir. C'est que l'échec scolaire est devenu un marqueur stigmatisant. L'assurance d'être au chômage ou du moins de ne pouvoir réussir ensuite.

Alors que le même pourcentage de jeunes sort toujours de l'école sans diplôme, cela devient beaucoup plus problématique avec la crise. Il faut tout faire pour éviter l'échec scolaire. Parents et école se renvoient la responsabilité. Pour les uns, ce serait de la faute du système qui ne s'occupe pas assez des enfants en difficultés, pour les autres, c'est l'entourage familial dans lequel évolue l'enfant qui est responsable…

Pour expliquer cet échec, on en vient à une médicalisation qui ôterait toute responsabilité à l'institution comme aux familles. C'est l'émergence des « dys » : dyslexie, dysorthographie, dyscalculie…

C'est sous cet angle que Franck Gastambide décrit sa scolarité. « Je suis en train de parler d'une époque dans laquelle la dyslexie scolaire n'avait pas été répertoriée et étudiée comme maintenant. Ni mes professeurs, ni ma famille n'étaient capables de comprendre ce que j'avais, et évidemment, moi encore moins. Moi, j'ai une dyslexie sacrément épicée. Donc, quand personne ne comprend ce qu'a ce petit gamin plutôt malin par ailleurs, il y a deux solutions. Soit ce môme est un imbécile. Parce que certains professeurs l'ont cru parfois et ils abandonnaient parce qu'ils voyaient bien que ça ne rentrait pas dans ma tête. Soit, puisque ce gamin est plutôt vif, drôle et en apparence intelligent, en tout cas dans les discussions qu'on a avec lui, ça veut dire qu'il est feignant s'il ne réussit pas. Et toi, tu es enfermé dans ce cerveau, et tu as envie de hurler non, je ne suis pas bête et non, je ne suis pas feignant. Je suis même en train d'essayer de travailler plus que vous tous, mais je ne sais pas pourquoi. Ce qui est un peu triste dans mon histoire, c'est que j'ai passé l'intégralité de ma scolarité à être le dernier de la classe. »

Il se souvient précisément comment il a pris conscience de sa dyslexie. « Je la découvre seul, chez moi, avec l'arrivée d'Internet. Je ne sais même pas ce que je devais chercher, puis je tombe sur le blog de quelqu'un qui parle de ses problèmes de dyslexie. Plus exactement, quelqu'un qui consacre ce blog à une personne qui s'est suicidée à cause de sa dyslexie. Je lis et je me rends compte que j'ai ça. Mais j'ai 16 ans. Ma scolarité est foutue. J'ai déjà arrêté l'école et je fais des petits boulots. Le jour où je le découvre, c'est un chamboulement incroyable dans ma vie parce que ça veut dire que je ne suis pas un imbécile, que ce n'est pas de ma faute. Quand tu passes l'intégralité de ta scolarité à culpabiliser de décevoir tes parents, tes professeurs, à te décevoir toi aussi, parce que parfois tu y crois un peu, tu te dis "là, je pense que j'ai été bon dans ce contrôle." Et puis bam. 2. Ta vie est une grosse déception avec plein de problèmes d'ego. Comment avoir confiance en toi quand tes parents ont honte de parler de ton parcours scolaire avec ceux des autres gamins ? "Et alors Franck, lui ? Non." Tu sens le moment gênant parce que Franck est nul, parce qu'il est toujours dernier. Et tu te portes ça toute ta vie. Puis, d'un coup, tu te rends compte que tu as un problème, ça s'appelle la dyslexie. C'est une renaissance, un choc incroyable. Toute ta philosophie de vie change. Tu peux justifier ton échec scolaire. Tu peux l'expliquer. C'est quoi la dyslexie ? C'est avoir des problèmes avec les lettres, avec les mots, avec les chiffres. Donc le système d'apprentissage classique ne me convient pas. Il faut que je fasse autrement. Pardon, je vais faire plein de fautes dans ce que je dois écrire, mais je suis dyslexique. C'est une délivrance incroyable. Il y a quelque temps, le journal *Libération* m'a consacré sa dernière de couverture, avec un portrait très élogieux, dans lequel je reviens sur ça. Ma mère a lu le journal et elle m'a écrit un mail le soir en me disant : "Tu sais, ça m'a rappelé des souvenirs difficiles parce qu'on ne comprenait pas ce qu'il avait notre gamin, on savait bien qu'il n'était pas bête mais c'était difficile, parce qu'on nous a tous laissés avec notre problème à cette époque. Aucun professeur n'a dit bon, on a parlé avec Franck, beaucoup, on sait qu'il est intelligent. Donc ce n'est pas un feignant, c'est qu'il y a un problème." Ça m'a permis de dire à ma mère que je ne lui en voulais pas. Je sais que ce n'est pas de leur faute. Maintenant, tout va bien. J'aurais juste aimé avoir un diplôme comme les autres et profiter de tout ce que pouvait m'apporter l'école. »

Yann Rufieux, notre cancre envoyé en pension, souffre lui aussi de dyslexie. «Très rapidement, on se rend compte que je suis dyslexique. Je commence des cours d'orthophonie, tous les samedis matin, avec Mme Seguin. Je ne suis pas à l'aise avec les mots, avec l'orthographe. Même encore aujourd'hui, quand j'écris quelque chose, j'utilise des petits moyens mnémotechniques, en permanence, pour ne pas faire de fautes. Je les ai appris avec mon orthophoniste. On a dû beaucoup travailler tous les deux. Elle m'aide en permanence, et au bout d'un moment, ça paye. Mais par contre, c'est un boulot de tous les jours. De la sixième à la troisième, à chaque retour de vacances, on revoit toutes les bases. Mais ou et donc or ni car, et, est, était… Encore aujourd'hui, je le fais. *Et* ou *est*, je conjugue *est* pour savoir. C'est vraiment en permanence. *Sa* maison : je pense *sa*, c'est *ma* maison, ça m'appartient, donc c'est *sa*. »

Sans nier du tout l'impact de la dyslexie sur l'apprentissage de certains enfants, cette montée en puissance des diagnostics médicaux au sein de l'école ne va pas sans poser de problèmes. Comme l'explique Marc Bablet, un inspecteur d'académie à la retraite : « C'est sûr qu'il y a eu, à partir des années 1990, une tendance à penser que les problèmes des élèves étaient cataloguables, et qu'on pouvait dire à l'école, il y a les précoces, les dyslexiques, les dysorthographiques, les dys ceci, les dys cela. C'est une approche qui parcellise la situation des jeunes, qui parcellise l'activité d'enseignement, qui croit dire que pour tel ou tel type de situation, il y aurait un type de réponse et un seul. La réalité de la jeunesse dans un pays, ce n'est pas ça. La réalité de la jeunesse, c'est sa diversité. Le problème dans notre pays, c'est d'abord de faire société entre tous les jeunes, ça n'a pas de prix et c'est la priorité des priorités. Il faut aussi accompagner tous les jeunes là où ils en sont, en fonction de leurs capacités, pour qu'ils puissent réussir. La dyslexie est un concept flou qui n'est pas très bien documenté sur le plan scientifique ou en tout cas, de mon point de vue, pas suffisamment. On a parfaitement la possibilité, quand on est inspecteur, de se dire "moi, je vais travailler le cœur de l'école, c'est-à-dire la prévention, en mettant l'accent sur l'école maternelle, parce que beaucoup se joue à l'école maternelle." Le fait que les enfants, par exemple dans les milieux populaires, aillent à l'école maternelle à deux ans est une question très importante, parce que ça les aide à rentrer dans la logique scolaire le plus tôt possible. Ça les aidera dans leurs études ultérieures au sein de cette école. Cette prévention, c'est le métier lui-même. »

La multiplication des étiquettes médicales, entre les surdoués, les précoces, les hauts potentiels, les TDAH (trouble de l'attention, hyperactivité) contribue d'une part à fragmenter l'école en divisant les enfants en autant de catégories mais aussi à vider l'enseignement et le contenu scolaire même. L'orthophoniste remplace le professeur, et chaque parent est renvoyé à sa responsabilité d'offrir le meilleur à son enfant... À condition d'avoir la connaissance et les moyens, ce qui est à l'opposé du projet républicain de l'école.

## DONNER PLUS À CEUX QUI ONT MOINS

À l'opposé justement se situent les deux dernières grandes expériences menées par l'Éducation nationale à partir de 1981, à savoir les Zones d'éducation prioritaire et 80 % d'une classe d'âge au bac.

Les ZEP voient le jour au lendemain de l'élection de Mitterrand en 1981. Comme l'explique Marc Bablet, l'inspecteur d'académie à la retraite, « l'arrivée de la gauche au pouvoir génère une grande attente, à la fois de plus de liberté et de plus d'égalité. L'une des réponses pour plus d'égalité à l'école, c'est l'éducation prioritaire. Dans la plupart des quartiers populaires, les situations scolaires étaient bien moins bonnes que dans les autres quartiers, surtout dans le privé. Comme on n'avait pas réussi à résoudre la question du privé, au moins fallait-il que la gauche parvienne, dans notre esprit, à résoudre la question des inégalités territoriales telles qu'elles apparaissaient à travers des zones prioritaires. »

Les ZEP sont parties d'une constatation simple. Dans certains territoires, se combinent crise sociale, chômage et important taux d'échec scolaire. Le point essentiel de cette démarche est la territorialisation, qui met l'école au centre de relations avec d'autres organismes, comme ceux chargés de la politique de la ville. Marc Bablet résume ainsi son expérience : « L'éducation prioritaire n'avait pas vocation à se centrer seulement sur la classe et l'école. Elle avait vocation à permettre un travail plus global dans lequel s'investirait l'ensemble des partenaires de l'école, à commencer par les collectivités territoriales et les autres services de l'État. En Seine-Saint-Denis, durant toute la période où j'y ai travaillé, comme inspecteur du premier degré, puis comme inspecteur d'académie, on a construit un vrai travail collectif, dans une ambiance idéale pour surmonter un certain nombre de difficultés. Celles que je rencontrais au Franc-Moisin, un quartier de Saint-Denis, par exemple, mes collègues chargés du programme de rénovation urbaine les rencontraient aussi. Ils constataient les mêmes tensions avec la population locale. Ils observaient les mêmes difficultés sociales que nous. Il y avait matière à travailler ensemble. Il faut bien dire qu'à ce moment-là s'était développée la politique de la Ville, et cela a été un des apports importants des gouvernements de gauche de l'époque, porter cette politique pour essayer de résoudre les difficultés des banlieues. »

Jean-Paul Delahaye, notre autre ancien inspecteur d'académie a participé à leur création. Il se souvient : « Je suis devenu inspecteur au moment de la création des zones d'éducation prioritaire par Alain Savary. La première circulaire, c'est décembre 1981. Moi, je démarre ma carrière au même moment. Cette politique d'éducation prioritaire, je l'ai vécue comme un signe d'espoir majeur. La République allait se soucier des territoires en difficulté, des élèves en difficulté, en donnant davantage de moyens à ceux qui en avaient le plus besoin. L'enthousiasme était réel. Je me suis lancé dans cette politique avec beaucoup de conviction, en organisant un premier stage dans la Somme, et en essayant d'accompagner les enseignants dans ce qui m'était apparu une nécessité, c'est-à-dire leur faire découvrir le quotidien de leurs élèves. Les enseignants d'Amiens (je ne leur fais aucun reproche) qui allaient travailler en éducation prioritaire n'y habitaient pas. Je me souviens d'un exercice très précis, très concret que j'avais proposé aux enseignants. Je leur avais demandé d'aller faire une enquête auprès des familles, et donc de monter dans les tours, de sonner aux portes. J'ai vu revenir ces enseignants perturbés. Ils avaient perçu un autre monde, une autre forme d'habitat, l'inconfort, les logements vétustes, surpeuplés. Ces enseignants raisonnaient autrement ensuite, par exemple quand il s'agissait de donner des devoirs aux enfants. »

Dès la rentrée 1982, près de quatre cents zones prioritaires sont créées. Des profs lancent des centaines de projets, un peu dans tous les sens : artistiques, pédagogiques, citoyens…

Des profs découvrent avec leurs élèves de ZEP ce que veut dire enseigner vraiment pour tous. Il leur faut déjouer une fatalité, celle qui hiérarchise les bons, les mauvais, pour s'intéresser à la manière dont chaque élève pense, ce qu'il connaît, ce qu'il ne connaît pas, ce qu'il doit encore découvrir.

Sylvie Da Rocha, la professeure de SVT du collège de Behren-lès-Forbach, se souvient de son arrivée en ZEP. « Pour mon premier poste, j'ai été nommée dans la région Grand Est. Donc près de chez moi, dans la ville de Behren. Et là, catastrophe pour toute la famille, c'est un collège de ZEP. Tous me disent : "Oh là là, ma pauvre, tu n'y arriveras pas." Je suis heureuse d'y être à l'heure actuelle et j'aimerais finir ma carrière là-bas. »

Du côté des élèves, c'est aussi une vraie découverte. Jérémy Gallois, un Lorrain d'une quarantaine d'années à la scolarité chaotique, garde un souvenir ému de sa nouvelle professeure de français en 4e : « Madame Larrière nous demande de faire plein d'exposés sur des thèmes libres. Je fais un petit exposé sur le basket, un autre sur le parc régional naturel. J'adore ça. On n'est pas notés sur nos fautes d'orthographe, sur notre grammaire. On est vraiment notés sur ce que ça nous a apporté ou le plaisir qu'on a pris à faire ça. Elle nous laisse un temps puis elle nous dit : "Le mot que tu as employé, là, combien le connaissent dans la classe ?" Sur une trentaine d'élèves, il n'y en a que 5, 6, 7 qui lèvent la main. Elle commence à nous interpeller : "Tu n'as pas envie d'être compris de tous ?" Ma réaction c'est : "Bah non, pas du tout. Les copains ont compris, les autres, je ne les vois pas en dehors du collège." Petit à petit, elle nous guide. "Ce mot, remplace-le par celui-ci, par celui-là, et ainsi de suite." On arrive à faire des phrases qui sont complètes. Ce qui manque dans nos phrases, c'est la ponctuation. On ne respire pas, on débite, on lit, on récite. Peu à peu, elle nous apprend la ponctuation. »

## « 80 % DU TEMPS, JE N'AI PAS L'IMPRESSION DE TRAVAILLER »

L'image des ZEP n'a pas tardé à se ternir à la fois sur le plan pédagogique – on abaisse le niveau pour permettre aux mauvais élèves de suivre – et sur le plan de la réputation : des élèves violents, difficiles pour les professeurs. Comme chaque fois qu'un effort est fait en direction d'une école pour tous, qui prend en charge l'ensemble des élèves, les partisans de l'école de la sélection crient aussitôt au déclin des contenus, dénoncent une école par le bas. Comme en 1936 quand Jean Zay a essayé de mettre en place un secondaire pour tous, ce sont les mêmes qui ont décrié les ZEP, partisans d'un élitisme qui protège leurs enfants au détriment de la masse. Les professeurs de ZEP que nous avons interrogés n'ont pas caché leurs difficultés mais ils ont aussi voulu nous parler d'autre chose. Ainsi Sylvie Da Rocha et sa collègue Marie-Laure Hilgert ont tenu lors de leur interview à combattre cette réputation. Elles nous ont brossé un portrait enthousiaste de leur travail, en insistant sur l'entraide de l'équipe pédagogique.

« Chaque fois qu'il y a une difficulté, explique Marie-Laure Hilgert, vous avez des collègues qui sont là, qui vous attendent à la sortie de votre cours. "Alors ça s'est passé comment ?" On ose dire ses difficultés. On passe des récréations à en parler, à obtenir des conseils. "Il a fait quoi dans ton cours ? Oh, moi, je l'ai juste l'heure d'après. Attends, je vais aller lui parler." Marie-Laure reprend la parole : « C'est aussi pour ça qu'on n'a plus envie de quitter cette zone d'éducation prioritaire. La solidarité entre enseignants est réelle et on a un lien extrêmement fort avec les élèves. À partir du moment où vous leur apportez quelque chose, ils vous le rendent au centuple. Pour eux, l'enseignant qu'ils ont en face d'eux est vraiment quelqu'un de méritant, de formidable. Ils vous renvoient une image positive. Ils vous disent merci. Vous êtes parfois la seule personne dans une journée qui leur a fait un sourire, qui leur a demandé comment ils allaient. »

Même son de cloche chez Nathalie Broux, professeure de lettres dans un microlycée pour décrocheurs : « Pour moi quand on me parle de mon métier, prof de français en Seine-Saint-Denis, en lycée, dans des quartiers en difficulté, je réponds plaisir, épanouissement intellectuel, professionnel et humain… Ce qu'il y a de fort, c'est de dire la même chose vingt ans plus tard. Enfin, je le dis parce qu'il faut le dire. Je ne suis pas la seule. C'est quand même important de dire qu'il y a beaucoup de profs heureux. Parce qu'on ne le dit pas assez, je trouve. Et heureux d'enseigner. Parce qu'ils n'ont pas renoncé aux objectifs et aux horizons qu'ils se sont fixés ou que l'institution nous a fixés. L'ambiguïté, c'est que celle-ci est défaillante par certains côtés mais que c'est quand même elle qui fixe ou rappelle les objectifs. On est confrontés à une espèce d'insatisfaction permanente. Ce n'est pas comme ça qu'il faut faire. Bien sûr, on se dit ça tous les jours. Mais c'est un moteur aussi, l'insatisfaction. Quand je suis dans mon établissement, je suis heureuse. Et surtout, je suis passionnée par ce que je fais. 80 % du temps, je n'ai pas l'impression de travailler. Je souhaite ça à tout le monde. J'ai le sentiment de faire ce qui me plait dans la vie. Bon y a les 20 % de copies et de réveils. Mais sinon ça va. »

Cette attitude est exactement celle que décrit l'acteur Franck Gastambide, qui a fait toute sa scolarité en banlieue.

« J'ai toujours eu la sensation qu'on avait des instituteurs, des professeurs qui, pour la plupart, avaient choisi d'être en banlieue, avec tout ce que ça implique. Je pense que c'était la clé. Travailler juste avec des professeurs qui avaient envie de travailler avec nous, des gens de banlieue qui avaient d'autres codes. Et travailler avec des professeurs qui n'allaient pas vouloir nous apprendre que nos codes ne sont pas les bons, mais en revanche, qui allaient nous inculquer de la rigueur, du travail, du respect. »

## « EST-CE QUE ÇA A SERVI À QUELQUE CHOSE ? »

À l'origine le programme des ZEP ne devait durer que quelques années, le temps de remettre à niveau les élèves en difficulté… De fait leur existence n'a jamais cessé, elles se sont transformées ensuite en REP, REP+… Mais sur le fond, leur bilan est mitigé, essentiellement pour des questions politiques.

« C'est très clair que la question scolaire est une question fortement politique, insiste Marc Bablet. C'est-à-dire qu'on peut avoir des conceptions de politique éducative extrêmement différentes selon les gouvernements, y compris d'une même couleur politique. Ce qui m'a frappé, c'est la dramatique alternance des politiques vis-à-vis de l'éducation prioritaire. Ceux qui aujourd'hui disent que l'éducation prioritaire ne fonctionne pas sont souvent ceux qui ont contribué à ce qu'elle ne fonctionne pas. La politique d'éducation prioritaire n'a cessé au cours du temps d'alterner. Sauf une fois. Un cas à souligner. C'est en 2006. Parce qu'en 2006, on a relancé l'éducation prioritaire avec un dispositif particulièrement intéressant qui s'appelait les réseaux ambition réussite. C'était pour répondre à la crise des banlieues de 2005. »

« Est-ce que ça a servi à quelque chose ? se demande Jean-Paul Delahaye. Est-ce que le fait d'avoir ciblé certains territoires d'éducation prioritaire, de leur avoir donné des moyens supplémentaires, a permis d'améliorer les résultats scolaires des élèves ? La vérité, c'est que non. Les écarts sont toujours aussi importants entre les résultats scolaires des enfants d'éducation prioritaire et ceux des autres. De façon négative, pessimiste, on peut dire que ça n'a servi à rien. Mais il y a une autre discours, plus réaliste, je crois, et que j'essaie de rendre crédible, audible. C'est qu'en fait, les territoires de l'éducation prioritaire se sont tellement dégradés avec la crise économique, avec la montée de l'exclusion et du chômage, avec la concentration, la ghettoïsation de certains quartiers, que s'il n'y avait pas eu l'éducation prioritaire, s'il n'y avait pas eu ces moyens supplémentaires, on n'en serait pas là aujourd'hui. Ça serait encore bien pire… »

Au final, les sommes consacrées aux ZEP sont insuffisantes, et ce d'autant plus qu'elles ne sont plus adossées aux autres aspects de la politique sociale, ou de la ville. Ce qui donne malheureusement des situations compliquées à gérer dans certains de ces établissements: professeurs jeunes qui ne restent que le nombre d'années nécessaires pour pouvoir postuler à un autre collège ou lycée, quartiers livrés à eux-mêmes qui posent aux collégiens et lycéens d'énormes problèmes La liste est longue des difficultés qui s'y accumulent. L'expérience de Sarah Godard, la trentenaire marseillaise, témoigne que la vie dans un collège de ZEP peut être très rude. Comme elle le dit elle-même, elle passait son temps à chercher sa place au sein d'un établissement qui aurait été marqué par une violence endémique. Sa mère, Yamina Benchenni, très engagée dans les mouvements de parents d'élèves, préfère y voir plutôt une question de quartiers défavorisés: « Je parle du programme scolaire dans un collège sectorisé et enfermant. Le programme, en fait le niveau, on savait qu'il n'était pas bon. » Elle s'adresse à sa fille: « Quand tu es partie au lycée, on s'est aperçu qu'un 12/20 au collège Massenet, ce n'est pas un 12 hors zone d'éducation prioritaire. Du coup, on a travaillé plutôt sur la question de l'éducation qui vient renforcer la partie scolaire. Même si les enseignants étaient jeunes, immatures, avec beaucoup d'absences... On était fragilisés. Est-ce que c'est lié à la violence? Je ne sais pas. La violence est partout. Elle n'est pas dans l'école, elle est dans le quartier au quotidien. On n'a plus voulu traiter les inégalités. Quand tu prends tous ces problèmes, que tu les additionnes, et que tu n'as pas les moyens de suivre ton enfant à l'école, que tu ne maitrises pas la langue, que ci, que ça, c'est compliqué. Dans les associations de parents, on avait la possibilité de partager nos expériences, de faire quelque chose. Il y en a quelques-uns qui ont bien marché, qui ont réussi. Donc ce n'est pas tant un problème de violence que d'inégalités. »

On le voit, les ZEP n'ont pas atteint leur objectif initial. Sans doute était-il trop élevé, voire un peu utopique. Mais ce qui frappe surtout, c'est combien l'école seule ne peut pas tout. Les inégalités croissantes, l'augmentation de la pauvreté pèsent d'un poids bien lourd sur le devenir de cette école. Faute d'une réelle volonté politique, les ZEP ne peuvent être qu'un pis-aller. Jean-Paul Delahaye nous explique un fait très éclairant. «Tant que la société se satisfera des ghettos de pauvres, on aura besoin d'une éducation prioritaire pour donner davantage de moyens. Sachant que ces moyens sont très relatifs. Aujourd'hui, un collège de Seine-Saint-Denis avec cinq cents élèves, même s'il a des moyens en profs supplémentaires, coûte moins cher qu'un établissement du centre de Paris avec le même nombre d'élèves. Pourquoi ? Parce que dans le centre de Paris, les professeurs sont expérimentés. Ils sont diplômés. Donc ils sont payés plus cher. La masse salariale d'un collège de centre-ville est supérieure, alors même que, dans le collège de l'éducation prioritaire, il y a plus de profs. Ça vous donne une idée du caractère très relatif des moyens supplémentaires qu'on donne aujourd'hui à l'éducation prioritaire. »

Les classes populaires immigrées sont volontiers accusées de séparatisme. Mais comme le fait remarquer Jean-Paul Delahaye, « l'éducation prioritaire devait disparaître le temps que la République fasse son travail de déghettoïsation, de ne plus concentrer aux mêmes endroits les familles en grande difficulté, de remettre du logement social dans les communes qui n'en ont pas. On est quand même un pays extraordinaire où des communes préfèrent payer une amende plutôt que d'avoir leur quota de logements sociaux ! Après, on va dire que c'est les quartiers de pauvres qui font du communautarisme. Mais le communautarisme, il est à l'œuvre dans les villes de la banlieue parisienne qui ne veulent pas de logements sociaux. Le séparatisme n'est pas que religieux, il est aussi social. »

## LES ASSISTÉS NE SONT PAS NÉCESSAIREMENT CEUX AUXQUELS ON PENSE HABITUELLEMENT

Le délitement du tissu social, les phénomènes de ghettoïsation ont des conséquences qui obèrent l'école même de la République. Pour assurer leur avenir et celui de leurs enfants, les parents qui le pouvaient ont déménagé, fuyant les quartiers pour des endroits offrant de meilleures conditions, de meilleures garanties pour la réussite scolaire, quand ils n'ont pas carrément quitté le public pour rejoindre un privé paré de toutes les vertus.

Ce phénomène d'évitement de grande ampleur qui s'accompagne aussi d'un recours croissant aux cours particuliers et aux entreprises de soutien scolaire, pose à terme la question même du devenir de l'école de la République.
L'essor des solutions individuelles qui pousse à une école de chacun affaiblit cette école pour tous qui, au cours d'un combat de près d'un siècle, s'est mise en place. Mais il y a plus grave. La sélection condamne à laisser sur le bord de la route nombre d'enfants des milieux populaires. Il semble même qu'avec 80 % d'une classe d'âge ayant le bac, la concurrence post-secondaire se soit déplacée et aggravée. Huit ans d'études séparent les enfants de milieux aisés de ceux de milieux modestes.
C'est chaque fois le même débat, pour l'allocation-chômage, les retraites ou l'école. L'attention se focalise sur ce que « coûtent » les pauvres et le système social, sans jamais s'interroger sur leur importance à maintenir le lien social et encore moins sur la réalité des moyens mis en place. Une fois de plus laissons la parole à Jean-Paul Delahaye : « La Cour des comptes a fait un rapport en 2018 où elle montre qu'on dépense dans notre pays aujourd'hui 32 millions d'euros pour l'accompagnement, l'aide aux devoirs des enfants d'éducation prioritaire. Ils sont 1,7 million. Ce qui fait en gros 18 euros par élève pour l'accompagnement éducatif en éducation prioritaire. Comment est-ce qu'on accompagne les élèves de classes préparatoires aux grandes écoles, par exemple dans les heures de colle ? Ils

sont 85 000 et pour eux, on dépense 70 millions d'euros. C'est-à-dire 840 euros par étudiant. Quarante-cinq fois plus en classes préparatoires aux grandes écoles qu'en éducation prioritaire ! Voilà comment la France dépense son argent pour l'accompagnement personnel. On dit toujours que les pauvres sont des assistés. Moi, je maintiens que les assistés ne sont pas nécessairement ceux auxquels on pense habituellement. »

Les grandes écoles sont un des fleurons de la France. L'État investit dix fois plus pour un élève d'une école d'excellence que pour un étudiant… La moitié des collégiens français sont parmi les meilleurs du monde. Mais un tiers a des résultats parmi les plus faibles de la planète. Depuis 1997, Pisa, une étude lancée à l'échelle mondiale, confirme ce que les élèves ressentent. Leur destin scolaire dépend de la situation des parents. Dans les zones rurales et les banlieues défavorisées, restent ceux qui n'ont pas pu aller ailleurs. Les services publics ont déserté ces territoires. L'école, elle, est encore là, mais ses horaires se sont allégés. Les écoliers ont perdu un tiers du temps passé en classe par rapport au début de l'école de la République. Ceux qui peuvent pratiquer des sports, des activités culturelles, réussissent mieux que ceux qui n'ont que l'école pour apprendre.

Aux quatre coins du pays, l'institution qui a uni autour de la République reste la première expérience commune à tous les Français. Des premiers écoliers de l'école gratuite, obligatoire et laïque à la diversité des besoins des élèves aujourd'hui, l'école est passée d'une affaire d'État au dernier pilier de la République. Aujourd'hui plus que jamais, continuer à bâtir une école pour tous est au cœur de notre avenir commun.

Comme le dit si fortement le comédien Ahmed Dramé, auteur du film *Les Héritiers*, l'école est le lien essentiel de sociabilité, un lieu fondamental où chaque enfant a sa place : « C'était très important qu'on se sente élève à part entière, qu'on nous remette à notre place. Un élève se raccroche aux notes, à l'avenir, à tout ce qu'il peut avoir. Mais en dehors de l'école, je parle pour mon cas, tu te remets déjà en question sur ta place. Tu comprends vite qu'elle n'est pas si importante que ça. Alors, le peu de légitimité que tu trouves à l'école te permet de te dire : j'existe encore. Grâce à l'école, j'existe. J'existe parce qu'on dit mon nom, parce que je fais partie des projets. Mais si on n'est plus bon à l'école ou si pour l'école on n'est plus rien, qu'est-ce qu'il nous reste ?… »

# TABLE DES MATIÈRES

D'après une série documentaire audiovisuelle
« *Histoires d'une nation. L'École* » de Françoise Davisse
et Carl Aderhold, réalisée par Stéphane Correa.

92, avenue de France, 75013 Paris
ISBN : 978-2-09-249470-7
Dépôt légal : octobre 2022

*Composition et mise en page*
*Nord Compo à Villeneuve-d'Ascq*

MIXTE
Papier issu de sources responsables
FSC® C022030
FSC
www.fsc.org

N° d'éditeur : 10275508
Achevé d'imprimer sur Roto-Page en août 2022
par l'Imprimerie Floch à Mayenne
N° d'impression : 100896
Imprimé en France